高等职业教育智能交通专业系列教材

智能交通系统

ZHINENG JIAOTONG XITONG

主编 王 怡 段明华 牛亚莉

参编 李继侠 彭 骏 杨 柳

简子扬* 高玉宏* 王寿牛*

（注：标注有*的人员为企业专家）

ITS

西安交通大学出版社
XI'AN JIAOTONG UNIVERSITY PRESS

国家一级出版社
全国百佳图书出版单位

图书在版编目(CIP)数据

智能交通系统 / 王怡,段明华,牛亚莉主编. —西
安 : 西安交通大学出版社,2022.10
高等职业教育智能交通专业系列教材
ISBN 978 - 7 - 5693 - 2812 - 7

Ⅰ. ①智… Ⅱ. ①王… ②段… ③牛… Ⅲ. ①交通运
输管理-智能系统-高等职业教育-教材 Ⅳ. ①U495

中国版本图书馆 CIP 数据核字(2022)第 201912 号

Zhineng Jiaotong Xitong

书　　名	智能交通系统
策划编辑	曹　昳　杨　璠
责任编辑	张　欣　曹　昳
责任校对	李　文
封面设计	任加盟

出版发行	西安交通大学出版社
	（西安市兴庆南路 1 号　邮政编码 710048）
网　　址	http://www.xjtupress.com
电　　话	（029)82668357　82667874(市场营销中心）
	（029)82668315(总编办）
传　　真	（029)82668280
印　　刷	西安五星印刷有限公司

开　　本	787 mm×1092 mm　　1/16　　印张 12　　字数 288 千字
版次印次	2022 年 10 月第 1 版　　2022 年 10 月第 1 次印刷
书　　号	ISBN 978 - 7 - 5693 - 2812 - 7
定　　价	48.00 元

如发现印装质量问题,请与本社市场营销中心联系。
订购热线:(029)82665248　(029)82667874
投稿热线:(029)82668804
读者信箱:phoe@qq.com

版权所有　侵权必究

前言
PREFACE

"智能交通系统"是智能交通技术专业方向的一门技术应用课程,旨在培养学生对智能交通系统的应用能力和突发事件的处理能力。

为适应全面提高高等职业教育教学质量和培养生产、建设、服务、管理等岗位的高技能人才的要求,本书立足高等职业教育人才培养目标,本着"理论与实践一体化"的原则,在内容安排上力求由浅入深,循序渐进,以实用为宗旨,以应用为目的。书中结合智能交通系统近几年的发展,重点介绍智能交通系统结构、智能交通系统相关技术、智能停车系统、智能车路协同系统等内容。

全书分为11章,包括认识智能交通系统、智能交通系统的相关技术、交通地理信息系统、车载导航系统、交通信息服务系统、智能停车系统、智能交通监控系统、智能公共交通系统、智能车路协同系统、高速公路机电系统、智能交通系统评价。

本书可作为高职院校交通运输类、智能交通类、信息通信工程类等专业的教材,也可作为智能交通系统的培训教材和参考书。本书第一、八章由安徽交通职业技术学院王怡编写;第二章由陕西交通职业技术学院牛亚莉编写;第三章由安徽交通职业技术学院彭骏编写;第四章由国网安徽省电力有限公司宣城供电公司简子杨编写;第五章由安徽省广德市交通运输局高玉宏编写;第六章由宣广高速公路有限责任公司王寿牛编写;第七章由武汉理工大学杨柳编写;第九章由安徽交通职业技术学院段明华编写;第十、十一章由安徽交通职业技术学院李继侠编写。全书由王怡统稿,由安徽交通职业技术学院李锐审稿。

由于时间仓促,加之编者水平有限,书中难免有不妥之处,敬请广大读者批评指正。

编 者

2022 年 5 月

目 录

CONTENTS

第一章 认识智能交通系统 ———————————————— 1

第一节 智能交通系统的概念及开发领域 ———————— 1

第二节 智能交通系统的理论基础和发展概况 —————— 4

第三节 智能交通系统的系统体系结构 ————————— 13

第二章 智能交通系统的相关技术 ———————————— 15

第一节 通信技术和计算机网络 ——————————— 15

第二节 传感器技术 ———————————————— 26

第三节 车辆自动驾驶技术 ————————————— 30

第三章 交通地理信息系统 ——————————————— 35

第一节 交通地理信息系统概述 ——————————— 35

第二节 基于 GIS－T 的实际应用 ————————————— 38

第四章 车载导航系统 ————————————————— 45

第一节 车辆导航系统简介 ————————————— 45

第二节 车辆导航系统 ——————————————— 50

第三节 车载导航与移动通信技术 —————————— 55

第五章 交通信息服务系统 ——————————————— 60

第一节 先进的出行者信息系统的体系结构和服务内容 —— 60

第二节 先进的出行者信息系统关键技术与应用 ————— 65

第三节 智能路网交通信息服务系统 ————————— 69

1

第六章　智能停车系统 ································· 75

第一节　智能停车系统结构与功能 ···················· 75

第二节　智能停车系统设备和集成 ···················· 83

第七章　智能交通监控系统 ······························ 91

第一节　城市交通监控系统 ·························· 91

第二节　城市交通诱导系统 ·························· 101

第三节　交通参与者监控系统 ························ 106

第八章　智能公共交通系统 ····························· 113

第一节　先进的公共交通系统 ······················· 113

第二节　公交优先系统和快速公交系统 ················ 125

第三节　公交智能优化评价系统 ····················· 133

第九章　智能车路协同系统 ····························· 137

第一节　车路协同系统功能与架构 ··················· 137

第二节　智能车载系统关键技术 ····················· 147

第十章　高速公路机电系统 ····························· 155

第一节　高速公路通信系统 ·························· 155

第二节　高速公路收费系统 ·························· 164

第三节　高速公路监控系统 ·························· 170

第十一章　智能交通系统评价 ·························· 177

第一节　智能交通系统的评价概述 ··················· 177

第二节　智能交通系统的评价内容 ··················· 180

第一章 认识智能交通系统

第一节 智能交通系统的概念及开发领域

一、智能交通系统的概念

随着经济的发展,交通需求日益增加,无论是发达国家还是发展中国家都承受着不断恶化的交通困扰。解决交通问题的传统办法是修建或扩建道路。但是,随着人口的增长,城市人均居住面积日益减少,可供修建道路的空间也越来越少;同时,交通系统是一个复杂的综合性系统,单独从道路或车辆的角度来考虑,都将很难解决交通问题。在这种背景下,把车辆和道路综合起来系统地解决交通问题的思想就油然而生,这就是"智能交通系统"。

智能交通系统(Intelligent Transportation Systems,简称ITS)是当代信息社会的产物,它极大地提高了人们的出行效率和安全性,也提高了社会效益。智能交通系统的含义有广义和狭义之分。广义的智能交通系统指交通系统的规划、设计、实施与运行管理的智能化;而狭义的智能交通系统则主要指交通运输系统的管理与组织的智能化。

智能交通系统的前身是智能车辆道路系统(Intelligent Vehicle Highway System,IVHS)。智能交通系统将先进的信息技术、数据通信技术、传感器技术、电子控制技术以及计算机技术等有效地综合运用于整个交通运输管理体系,从而建立起一种大范围、全方位发挥作用的,实时、准确、高效的综合运输和管理系统。

智能交通系统(图1.1)通过人、车、路的和谐、密切配合提高交通运输效率,缓解交通阻塞,提高路网通过能力,减少交通事故,降低能源消耗,减轻环境污染。ITS最终目的是建立快速、准时、安全、便捷和舒适的交通运输体系,以保证社会经济可持续发展,建立与人类生存环境相协调的良好的交通运输环境。国外经验表明一旦ITS投入使用,至少可以把城市的交通堵塞减少50%,交通事故甚至可以减少80%。

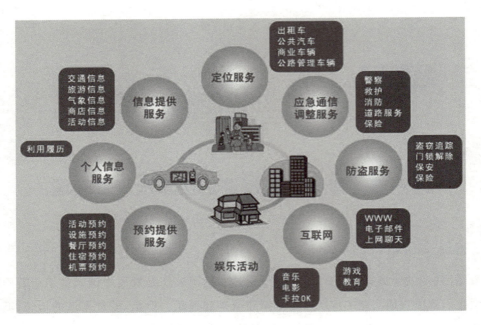

图 1.1　智能交通系统

ITS 能使交通运输基础设施发挥出最大的效能，提高服务质量，使社会能够高效地使用现有交通设施，从而获得巨大的社会经济效益，具体包括：①提高交通运输系统的安全水平，减少阻塞；②增加交通运输的机动性；③降低交通运输对环境的影响；④提高交通运输的通行能力和机车车辆、飞机运输生产率和经济效益。

二、智能交通系统的开发领域

1. 货物运输需求智能诱导系统

货物运输需求智能诱导系统包括建立货物运输数据库、货物运输方式选择、货物运输结构、货物运输方案决策支持系统等。

2. 智能运输组织系统

智能运输组织系统是在客货运输数据库的基础上，智能化编制列车运行图和运输组织方案，并动态自动化调整组织方案的系统。现代化的运输要实现人和物有序的空间流动，就必须对客、货运实行有效的组织和管理，实现运输管理智能化。它类似于管理信息系统一级的水平，又兼有决策支持的功能，目标是要实现客运和货运的快速化和多式联运化。

3. 交通旅行信息系统

交通旅行信息系统利用通信机能向交通参与者全面提供交通堵塞、道路施工、交通事故和突发事件等信息。法国巴黎从 1991 年开始研究借助卫星对公交车辆进行全方位的监控管理，该项技术不必大规模进行基础设施建设就能做到准确、随时地监控管理所有运营中的公交车辆。该系统的调度人员可随时与驾驶员通话,下达调度指令;当营运中发生事故,驾驶员可开启一台隐蔽的摄像机,使中心安全控制台直接观察到车内的情况。如有需要,中心安全控制台还可以调度装备有同样定位系统的车辆赶往现场进行处理。

4. 自动收费系统

自动收费系统是指乘客付出准确的车费后才能进出车站的自动控制系统。不同的系统采用不同的方法,如投入硬币或代币,使用磁性票卡或非接触式智能卡等。使用票卡时,需在出口处再检测一次,才能出站。

新加坡于1997年推行了电子公路收费系统,用电子计费卡控制车流。采用该系统的车辆的挡风玻璃上贴有一张类似信用卡的"储值卡",同时在车内安装一个"阅卡器"。当车辆经过预先感应器时,控制器就会通过每道闸门上的天线发出微波信息,由阅卡器自动在储值卡上扣除道路使用费。若车辆没有装备阅卡器或储值卡或款额不足时,第二道闸门上的相机就会自动拍下车牌号码,并由控制器传到中央计算机处理。在高峰时段和拥挤路段,它可以自动提高通行费。

5. 智能公共交通系统

智能公共交通系统是依据公路自身采集的信息、信息网及线路上反馈的交通流状况,进行调度,使系统保持最佳状态,并保证交通安全畅通。

在欧洲,为保证公共汽车、公共电车优先路口通车,一些国家的某些大城市在主要交叉路口设置电视监视器和自动信号控制器,并在公交车上安装发射信号装置。当公交车辆驶进路口时可将红灯变换成绿灯,以尽量减少公共汽车、公共电车在路口的延迟时间。或在公共汽车、公共电车通过的路段埋充与路口信号灯相接的微波探测器,当公交车辆通过探测器时,探测器马上将信息传给信号灯控制装置,为公交车辆运营提供一路绿灯。

6. 智能货物配载系统

使用智能货物配载系统可根据货主和用户的要求,对运输货物的车辆、船舶、飞机进行合理装载,并根据用户的要求组织发送,确保用户的实时需要(图1.2)。

图 1.2　智能货物配载系统

法国开发过一种用于流量管理的智能公共汽车(SMARTBUS)系统。通过统计法国30多辆公共汽车和电车网络以及德国、西班牙、意大利、瑞士和墨西哥的公交网,欧洲许多国家建立了该系统。应用智能公共汽车,能够提高流量效率和安全性,提高与顾客的信息交流。该系统能够及时准确地向顾客、车辆、汽车站、火车站及家中传递信息,由SMARTBUS设备记录下来的信息可以作为评估和战略管理的重要数据。

7. 先进的车辆控制和安全系统

该系统应用先进的传感、通信和自动控制系统,具有自动识别和报警、自动转向、制动、保持安全间距等避撞功能,有效提高了行车安全性、减少交通阻塞,进一步提高了道路的通行能力和运输效益(图1.3)。

图1.3 车辆控制和安全系统

第二节 智能交通系统的理论基础和发展概况

一、信息论和信息技术

信息论是概率论与数理统计的一个分支。用于信息处理、信息熵、通信系统、数据传输、率失真理论、密码学、信噪比、数据压缩等。

狭义信息论主要研究有关通信的问题,属于物理学科的范畴。广义信息论的研究除了通信外,还包括心理学、语言学、遗传学、神经生理学等方面的内容。信息论是探索生物世界和物理世界共同规律的一门综合性新科学,并扩展到社会科学领域。

信息技术是以现代科学的重要分支——信息论为理论基础的。信息技术是为实现信息的获取、识别、发送、显示、变换、传输、处理、存储、提取、控制等作业所需要的工具设备以及有关的技能和方法的总称。简言之,凡是应用信息科学的原理和方法从事与信息有关作业的技术都是信息技术。信息技术的应用包括计算机硬件和软件,网络和通信技术,应用软件开发工具等。

计算机和互联网普及以来，人们日益普遍地使用计算机来生产、处理、交换和传播各种形式的信息。

二、通信技术

通信技术是将信息从一个地点传送到另一个地点所采取的方法和措施。通信技术是电子技术极其重要的组成部分，通信技术的应用如图1.4所示。按照历史发展的顺序，通信技术先后由人体传递信息通信到简易信号通信，再发展到有线通信和无线通信。

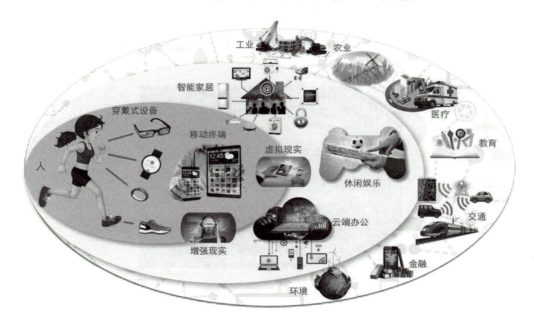

图1.4　通信技术的应用

通信技术研究以电磁波、声波或光波的形式把信息通过电脉冲，从发送端（信源）传输到一个或多个接收端（信宿）。接收端能否正确辨认信息，取决于传输中的损耗功率高低。信号处理是通信工程中一个重要环节，包括过滤、编码和解码等。

通信技术的发展可以分为语言和文字通信、电通信、信息通信三个阶段。

（1）语言和文字通信阶段。在这一阶段的特点是通信方式简单，内容单一。

（2）电通信阶段。1837年莫尔斯发明电报机，并设计莫尔斯电报码。1876年，贝尔发明电话机。这样，利用电磁波不仅可以传输文字，还可以传输语音，由此大大加快了通信的发展进程。1895年，马可尼发明无线电设备，从而开创了无线电通信。

（3）信息通信阶段。从总体上看，通信技术实际上就是通信系统和通信网的技术。通信系统是指点对点通信所需的全部设施，而通信网是由许多通信系统组成的多点之间能相互通信的全部设施。

现代的主要通信技术有数字通信技术、程控交换技术、信息传输技术、通信网络技术、数据通信与数据网、综合业务数字网(Integrated Services Digital Network，ISDN)与异步传输模式(Asynchronous Transfer Mode，ATM)技术、宽带网际互联协议(Internet Protocol，IP)技术、接入网与接入技术等。主要分为四大分支，分别为通信卫星、蜂窝电话、数字寻呼以及数字传输技术。其中，通信卫星开创了跨洋电视传播之先河，而无线寻呼、蜂窝通信则拉开个人通信时代帷幕，数字传输为宽带通信铺平道路。

5G 技术是当代移动通信技术的制高点，也是新一代信息技术的重要支柱(图 1.5)。2019 年被称为"5G 商用元年"，随着 5G 商用牌照正式发放，中国进入 5G 时代。5G 对中国的科技与经济发展是难得的机遇，将为社会治理、经济发展和民生服务提供新动能，催生新业态，成为数字经济的新引擎。

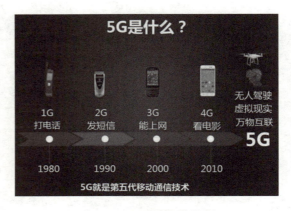

图 1.5　5G 移动通信技术

三、计算机管理技术

1946 年第一台电子数字计算机诞生以来，人们就在寻求着利用计算机来模拟、延伸、扩展人类的智能。人们把计算机引入到管理领域，从而产生了计算机管理系统。计算机管理系统是由计算机、网络、信息技术共同组成、发展起来的一种计算机工具，其功能在于采集、分析、挖掘、处理、存储信息。伴随计算机管理信息系统研究的深入，相应的学科体系日渐完善。

到了 20 世纪 90 年代，计算机管理向智能化决策支持方向发展，特别是随着计算机智能软件的开发推动了智能交通的发展。

在计算机管理系统逐步普及的过程中，系统也逐步得到优化更新。随着现代科技的发展，以人为本的科学发展理论将会进一步加深，这也使得计算机管理系统朝着更加智能化的方向推进。计算机管理系统的智能化主要体现在"功能"与"流程"这两个方面。流程设计与流程执行会相互分离，在优化流程设计的时候，不会干扰流程执行，整个系统可以在更加独立的状态下快速处理信息，进一步提升管理效率。

计算机管理信息系统在发展过程中发生着巨大变化,刚开始以单机系统为主,后发展为功能化、高效化、技术化、网络化的高水平管理系统。从20世纪80年代初期开始,科技部门开始系统研究计算机、通信科学的结合和相互渗透,探讨了大系统理论、系统工程与人工智能等,从而推动计算机科学朝新的目标发展。

四、计算机网络技术

计算机网络技术是计算机科学技术与通信科学技术相结合的产物。从用户角度看,计算机网络是一个能为用户自动管理的网络操作系统。计算机网络的一个比较通用的定义是利用通信线路将地理上分散的、具有独立功能的计算机系统和通信设备按不同的形式连接起来,以功能完善的网络软件及协议实现资源共享和信息传递的系统。

从整体上来说计算机网络是把分布在不同地理区域的计算机与专门的外部设备用通信线路互联成一个规模大、功能强的系统,从而使众多的计算机可以方便地互相传递信息,共享硬件、软件、数据信息等资源。简单来说,计算机网络就是由通信线路互相连接的许多自主工作的计算机构成的集合体(图1.6)。最简单的计算机网络就只有两台计算机和连接它们的一条链路,即两个节点和一条链路。

图1.6 计算机网络

计算机网络的组成包括:计算机、网络操作系统、传输介质(可以是有形的,也可以是无形的,如无线网络的传输介质就是空间)以及相应的应用软件四部分。

纵观计算机网络的发展虽然历史不长,但发展速度很快,主要可分为以下四个阶段:

(1)第一阶段是面向终端的计算机通信网。其特点是计算机是网络的中心和控制者,终端围绕中心计算机分布在各处,呈分层星型结构,各终端通过通信线路共享主机的硬件和软件资源,计算机的主要任务还是进行批处理。在20世纪60年代出现分时系统后,则具有交互式处理和成批处理能力。

(2)第二阶段是分组交换网。分组交换网由通信子网和资源子网组成,以通信子网为中心,不仅共享通信子网的资源,还可共享资源子网的硬件和软件资源。网络的共享采用排队方式,即由结点的分组交换机负责分组的存储转发和路由选择,给两个进行通信的用户段续(或动态)分配传输带宽,这样就可以大大提高通信线路的利用率,非常适合突发式的计算机数据。

(3)第三阶段是形成计算机网络体系结构。为了使不同体系结构的计算机网络都能互联,国际标准化组织提出了一个能使各种计算机在世界范围内互联成网的标准框架——开放系统互连基本参考模型OSI。这样,只要遵循OSI标准,一个系统就可以和位于世界上任何地方的、也遵循同一标准的其他任何系统进行通信。

(4)第四阶段是高速计算机网络。其特点是采用高速网络技术,综合业务数字网的实现,伴随着多媒体和智能型网络的兴起。

五、GPS 技术

GPS(Global Position System)技术,即全球卫星定位系统技术,是利用分布在高空的多颗人造卫星对地面上的目标进行测定并进行定位和导航。GPS是具有在海、陆、空进行全方位、实时三维导航与定位能力的新一代卫星导航与定位系统,以全天候、高精度、自动化、高效益等显著特点,赢得广大测绘工作者的信赖,并成功地应用于大地测量、工程测量、航空摄影测量、运载工具导航和管制、地壳运动监测、工程变形监测、资源勘察、地球动力学等多种学科,从而给测绘领域带来一场深刻的技术革命。

GPS系统由地面控制、空间控制和用户装置三部分组成。

(1)地面控制:由主控站(负责管理、协调整个地面控制系统的工作)、地面天线(在主控站的控制下,向卫星注入寻电文)、监测站(数据自动收集中心)和通讯辅助系统(数据传输)组成。

(2)空间控制:GPS系统的空间部分由空间GPS卫星星座组成。GPS卫星星座原计划是将24颗卫星均匀分布在6个不同的轨道平面上,而发展到今天,在轨道上运行的卫星数量已经达到27颗。每个轨道平面与赤道平面的倾角大约55°。在地球上任何地点任何时刻都能观测到5~8颗卫星。每颗卫星都利用两个L载频传送信号,即L1(1575.42 MHz)和L2(1227.26 MHz)。每颗卫星都在完全相同的频率上传送信号,但每颗卫星的信号在到达用户之前都经过了多普勒频移。L1承载精密(P)码和粗/捕获(C/A)码,L2仅承载P码。导航的数据报文叠加在这些码上,两个载频上承载着相同的导航数据报文。P码通常是加密的,只有C/A码可供民用。

(3)用户装置:主要由GPS接收机和卫星天线组成。GPS接收机,根据型号分为测地型、全站型、定时型、手持型、集成型,根据用途分为车载式、船载式、机载式、星载式、弹载式。

GPS系统的特点:一是全球、全天候工作,能为用户提供连续、实时的三维位置、三维速度和精密时间,不受天气的影响;二是定位精度高,单机定位精度优于10米,采用差分定位,精度可达厘米级和毫米级;三是功能多、应用广,随着人们对其认识的加深,GPS不仅在测量、导航、测速、测时等方面得到更广泛的应用,而且应用领域在不断扩大。

GPS技术同样在ITS领域也得到了广泛的应用,如车辆导航系统采用车载的全球卫星定位系统装置来获取车辆的行驶位置,再通过电子地图数据库实时匹配,动态显示车辆的行驶状况,从而给驾驶人反馈路径诱导信息。

六、智能控制理论与技术

控制理论的发展历史可分为两个阶段:经典控制理论与现代控制理论。

(一)经典控制理论

经典控制理论主要研究系统运动的稳定性、时间域和频率域中系统的运动特性、控制系统的设计原理和校正方法。经典控制理论包括线性控制理论、采样控制理论、非线性控制理论三个部分。

经典控制理论主要研究系统的动态性能,在时间和频域内来研究系统的"稳定性、准确性、快速性"。所谓稳定性是指系统在干扰信号的作用下,偏离原来的平衡位置,当干扰取消之后,随着时间的推移,系统恢复到原来平衡状态的能力。准确性反映在过渡过程结束后输出量与给定的输入量的偏差。快速性反映当系统的输入量和给定的输入量之间产生偏差时,消除这种偏差的快慢程度。

(二)现代控制理论

20世纪60年代产生的现代控制理论是以状态变量概念为基础,利用现代数学方法和计算机技术来分析、综合复杂控制系统的新理论,适用于多输入、多输出,时变的或非线性系统。飞行器及其控制系统正是这样的系统。应用现代控制理论对它进行分析、综合能使飞行器控制系统的性能达到新的水平。从"阿波罗"号飞船登月,"阿波罗"号飞船与"联盟"号飞船的对接,到航天飞机的成功飞行,都与现代控制理论和计算机的应用密不可分。在控制精度方面,应用现代控制理论、计算机和新型元部件,使洲际导弹的命中精度由几十公里提高到百米左右。

现代控制理论的核心之一是最优控制理论。它不同于经典控制理论以稳定性和动态品质为中心的设计方法,而是将系统在工作期间的性能作为一个整体来考虑,通过寻求最优控制规律改善系统的性能。现代控制理论的另一核心是最优估计理论,是解决飞行器控制中的随机干扰和随机控制问题的一种有力的数学工具。

现代控制理论所包含的学科内容十分广泛,主要有线性系统理论、非线性系统理论、最优控制理论、随机控制理论和适用控制理论。

(三)经典控制理论和现代控制理论的区别和联系

1. 区别

(1)适用对象。经典控制系统一般局限于单输入单输出,线性定常系统。严格地说,理想的线性系统在实际中并不存在。实际的物理系统，由于组成系统的非线性元件的存在，可以说都是非线性系统。但是，系统在非线性不严重的情况时，某些条件下可以近似成线性。所以，实际中很多的系统都能用经典控制系统来研究。经典控制理论在系统的分析研究中发挥着巨大的作用。

现代控制理论相对于经典控制理论，应用的范围更广。现代控制理论不仅适用于单输入单输出系统，还可以研究多输入多输出系统；不仅可以分析线性系统，还可以分析非线性系统；不仅可以分析定常系统，还可以分析时变系统。

（2）数学建模方法。微分方程（适用于连续系统）和差分方程（适用于离散系统）是描述和分析控制系统的基本方法。然而，求解高阶和复杂的微分和差分方程较为烦琐，甚至难以求出具体的系统表达式。所以，通常通过其他的数学模型来描述系统。

经典控制理论主要以根轨迹法和频域分析法为主要的分析、设计工具。经典控制理论以传递函数为数学模型。传递函数适用于单输入单输出线性定常系统，能方便地处理这一类系统频率法或瞬态响应的分析和设计。然而对于多信号、非线性和时变系统，传递函数这种数学模型就无能为力了。传递函数只能反映系统的外部特性，即输入与输出的关系，而不能反映系统内部的动态变化特性。

现代控制理论则主要以状态空间为描述系统的模型。状态空间模型是用一阶微分方程组来描述系统的方法，能够反映出系统内部的独立变量的变化关系，是对系统的一种完全描述。状态空间描述法不仅可以描述单输入单输出线性定常系统，还可以描述多输入多输出的非线性时变系统。另外状态空间分析法还可以用计算机分析系统。

（3）应用领域。由于经典控制理论发展得比较早，理论比较成熟，并且生产生活中很多过程都可近似看为线性定常系统，所以经典控制理论的应用比较广泛。

现代控制理论是在经典控制理论基础上发展而来的，对于研究复杂系统较为方便。并且现代控制理论可以借助计算机分析和设计系统，所以有其独特的优越性。

2.联系

（1）虽然现代控制理论的适用范围更多，但并不能定性地说现代控制理论优于经典控制理论。我们要根据具体研究对象，选择合适的理论进行分析，这样才能使分析过程更简便，工作量更小。

（2）两种控制理论在工业生产、环境保护、航空航天等领域发挥着巨大的作用。

（3）两种理论有其各自的特点，所以在对系统进行分析与设计时，要根据系统的特征选取合适的理论。

（4）随着社会的发展，两种理论对科技的进步发挥着巨大的推动作用。在实践中，两种理论也会得到发展和完善，并且促进新的理论的形成，智能控制理论就是个很好的例子。

七、智能交通系统的发展概况

（一）发达国家智能交通系统发展现状

1994 年世界智能交通大会在巴黎召开，这次大会上，主要发达国家达成一致意见：将欧洲、美国、日本在交通领域正在开展的，应用通信、控制和计算机技术改善道路交通系统运行效率、提高安全性，进而实现人车路一体化的智能型运输系统的各种项目和开发领域统称为智能交通系统（ITS）。这次会议成为发达国家正式开展智能交通开发和应用的标志。经过 10 多年的发展，目前智能交通系统在发达国家和部分发展中国家得到长足发展，并形成了独特的智能交通产业。目前，国际 ITS 领域已经形成美国、欧洲和日本三强领先的局面。其他一些国家和地区的智能交通研究也已初具规模，如韩国、马来西亚、新加坡和澳大利亚等。

1.美国

美国从 1976 年到 1997 年，每年的车辆公里数以 77％的数量上升，可是同期道路建设里程的增长数却仅为 2％，在交通高峰时期，54％的车处于拥挤状态。在这种情况下，20 世纪 80 年代后美国较早地开展了智能交通系统的研究和规划。1991 年美国国会通过了《路上综合运输效率化法案》旨在利用高新技术和合理的交通分配提高整个路网的效率。1995 年美国正式出版了《美国国家智能交通系统项目规划》，明确规定了智能交通系统的 7 大领域，每一领域均包含相应的用户服务功能。

2001 年美国运输部和美国智能交通协会（ITS America）联合编制的《美国国家智能交通系统 10 年发展规划》明确了区域间作为一个整体系统的发展建设主题。在已有的规划下，美国的 ITS 建设正在不断完善，从而缓解了日益恶化的交通拥挤和无力继续扩展交通基础设施形成的突出矛盾。目前，美国已经建立了较完善的 ITS 体系结构，其由多个系统构成，主要包括：（1）出行及交通管理。这一系统主要是收集和处理道路交通系统的信息，并对各种控制设备发出命令，向公路使用者提供各种与出行有关的信息，疏导人们的出行需求。（2）公共交通运营。这一系统服务能够提供公共交通运营的自动化程度、改善计划和管理功能，给旅客提供实时的交通信息。（3）商务车辆运营。建立商务车辆运营系统是为了提高汽车货运行业安全性和其生产率，通过车辆定位和优化运输路线来管理车队。（4）电子付费服务。这一系统能够收取通行税、通行费、停车费，能够支持磁卡支付等方式。（5）事故应急管理。这一系统服务通过求救信息系统来帮助驾驶员或者他们的车辆，把事故的发生和危险状态立即通知交通警察或者别的部门，从而改善交通安全状况。（6）先进的车辆控制和安全系统。这项服务主要是通过避免车辆撞击并预警，改善车辆的安全状况。从应用上来看，目前 ITS 在美国的应用已达 80％以上，而且相关的产品也较先进。

2. 日本

20世纪60年代中后期,小汽车迅速走进日本的千家万户,到了20世纪70年代初,日本的一些大城市已经车满为患,拥挤不堪。伴随着小汽车的迅速普及,交通事故也频频发生,到了20世纪90年代初,日本政府和企业在交通治理上已做了多年的努力,虽然交通情况得到一定的改善,但是一个有效的人、车、路和谐共存的交通管理体系却仍然没有形成。1995年,日本的通产省、运输省、邮政省、建设省和警察厅五部门制定道路、交通和车辆的信息化实施方针,拉开了ITS系统研究开发和实施的序幕。

日本新交通系统是日本实现智能交通的关键之一,在《日本ITS框架体系》的指导下,该系统由一个具有高性能的核心性综合交通控制中心和10个子系统组成。这些系统包括:公交优先系统、交通信息提供系统、综合智能图像系统、安全驾车辅助系统、行人信息通信系统、紧急车辆优先系统、不停车收费系统、动态车载导航系统、车辆行驶管理系统等等。在这些系统中,发展和应用最为突出的是日本不停车收费系统和动态车载导航系统。此外,日本的动态车载导航系统在国际上也处于领先地位。

3. 英国

英国是世界上较早发展公共交通的国家之一,加强公共交通基础设施建设是历届政府的一项重要工作。早期伦敦就将发展城市立体交通作为战略规划,每年为公共交通系统建设划拨大量的预算经费。在政府长期政策的支持下,目前伦敦已建成地上与地下、轨道交通与公路交通相交,集地铁、火车、轻轨、公共汽车、出租车于一体的立体化交通网络,并建立起了先进的智能交通系统。

英国的智能交通系统主要包括:自动车辆定位系统,可变信息系统,智能停车系统,旅行信息高速公路,视频信息高速公路,英国国家交通控制中心,城市交通管理和控制系统,绿信比、周期、相位差优化技术(Split Cycle Offset Optimizing Technique, SCOOT)系统,电子收费系统,数字交通执法系统,射频识别技术,物联网等。

(二)我国ITS发展现状

随着我们国家的经济发展,智能交通系统开始迅速发展。最开始只是研究信号灯控制等基础的内容,随后将国外的智能交通系统向国内发达城市引进,例如北上广等一线城市先后建立了公共交通调度指挥中心、智能交通指挥中心、高速公路紧急事件管理系统、交通信息和物流信息共用平台等ITS系统。随着我国城市化以及工业化进程的加快,一些新一线城市和部分二线城市也紧随其后,建立了道路信息报告系统。

同时,国家政策也大力支持了智能交通系统的建设,自"十二五"规划以来,我国累计投入了数千亿的资金,用来支持智能交通的发展,让智能交通系统在国内的发展突飞猛进,大大改善了国民的出行状况。2019年9月,国务院印发了《交通强国建设纲要》,对智能交通系统的发展进行了部署。这充分表明了智能交通系统对国家交通发展的重要性。《交通强国建设纲要》中还提到了"智能、平安、绿色、共享交通发展水平明显提高"的发展目标,到 21 世纪中叶,全面建成人民满意、保障有力、世界前列的交通强国。这是自二十一世纪以来,我国首次将"智能化"列入国家发展规划或者纲要中,从此,智能交通系统进入了国家发展的高层次目标要求中。这对智能交通系统的发展提供了相当大的助力。未来,我国的交通发展必将进入世界更先进的行列。

第三节　智能交通系统的系统体系结构

一、智能交通系统的体系结构

一个体系结构是一个有用的和可用的系统的稳定基础。智能交通系统(ITS)的体系结构包含子系统、各子系统之间的相互关系和集成方式,以及各子系统为实现用户服务功能、满足用户需求所应具备的功能。ITS 的体系结构决定了系统如何构成,确定了功能模块以及模块之间的通信协议和接口,它的设计必须包含实现用户服务功能的全部子系统的设计。

ITS 体系结构特点:

(1)是由相互作用和相互依赖的若干组成部分结合而成的、具有特定功能的有机整体。

(2)系统的每个组成部分有其自身的功能,而系统的功能不是等于而是大于各组成部分功能的简单和。

(3)ITS 是许多子系统的有机集成,如果只是简单地把各子系统结合起来,可能会导致一个无效的系统。

ITS 体系结构的重要意义:

(1)ITS 本身比较复杂、涉及范围广,需要有一个指导性的框架帮助我们了解这个系统的结构。

(2)ITS 是一个庞大的系统,包含很多子系统,它实时需要通过这些子系统来实现,ITS 体系结构为 ITS 的各个部分提供统一的接口标准,使各个部分便于协调,集成一个整体。

(3)避免少缺和重复,使 ITS 成为一个高效、完整的系统,并具有良好的扩展性。

(4)根据国家总体 ITS 框架,发展地区性的体系结构,保证不同地区智能交通系统具有兼容性。

二、智能交通系统的开发内容

开发系统体系结构的目的是为系统提供稳定的基础,即给出系统的组成部分和它们的功能、各部分的关系,为进一步的系统设计和产品开发提供所必需的框架和重要指南。开发 ITS 时我们从不同的侧面勾画系统整体框架,开发内容包括:参考模型、信息体系结构、功能体系结构、数据通信体系结构、物理体系结构。

(1)参考模型提供了一个系统所包含的主要部分的整体框架。

(2)信息体系结构识别系统中广泛使用的数据和信息的内容和性质。常常用一个公共的数据字典来表达系统信息体系结构。

(3)功能体系结构回答了系统能做什么的问题。它将参考模型分解、细化,并发展为一个系统,用功能处理模块及各处理模块之间的逻辑数据交换来描述其结构。

(4)数据通信体系结构是一个通信协议的集合,这些协议通过不同的网络拓扑结构提供对各种应用的透明通信。

(5)物理体系结构回答了系统准备怎样做的问题。物理体系结构将功能、信息和数据通信体系结构投影到一个物理基础设施集合上,它通过所选择的通用结构中的独立组件以及它们之间的接口来描述系统,为下一步系统的工程实现绘制框架蓝图。

由于一个国家的ITS可以看成是一个大规模的信息系统,故它的参考模型一般都是以用户服务的方式给出。而信息体系结构、功能体系结构和数据通信体系结构常被称为逻辑体系结构。因此,系统体系结构也可以归纳为用户服务、逻辑体系结构和物理体系结构三大部分。

复习思考题

1. 什么是智能交通系统?
2. 智能交通系统的开发领域包括哪些?
3. 简述通信技术的发展过程。
4. 简述智能交通系统的特征。
5. 智能交通系统的服务功能主要包括哪些?
6. ITS的体系结构有哪些特点?
7. 简述ITS的开发内容。
8. 简述我国ITS的发展概况。

第二章 智能交通系统的相关技术

第一节　通信技术和计算机网络

一、通信网

电报、电话相继问世后，工业发达国家先后着手建立电报和电话通信网。电话网发展迅速，到 20 世纪初在一些国家已具有相当规模。以后出现的非电话业务，如载波电报、传真电报、用户电报等，大多是以已有的电话网为基础而建立的。随着电子计算机的广泛应用，世界上兴起了数据通信，建起了大量的专用数据网。20 世纪 60 年代末，还建成了世界上第一个公用数据网。早期的数据网主要是直接使用现有电话网或租用它的部分线路而构成的。由于数据通信使用数字信号，而电话通信使用模拟信号，两种信号对通信网的要求不同，因而在模拟网上传输数据存在着质量差、效率低等缺点。用数字信号进行通信，具有失真小、抗干扰性强等优点，这促进了脉码调制技术的发展，采用这种调制，可把电话、传真、电视的模拟信号变成数字信号进行传输。20 世纪 70 年代，长距离、大容量的数字通信技术进入实用阶段。20 世纪 70 年代中期，世界上开始出现数字化的数据网。新兴的数字网和传统的模拟网已形成了并存和兼容的局面，并逐步向综合业务数字通信网过渡。

随着信息化进程的飞速发展，高度发达的信息社会要求通信网提供多种多样的信息服务。为适应这种形势，现代通信网正在加速采用以计算机为基础的各种智能终端技术和数据库技术，向着数字化、综合化、智能化和个人化方向发展。

通信的实质就是信息的传递，通信网就是由硬件和软件组成的用来传输信息的网络。因此我们将通信网定义为可由表示用户设备的端点和端点之间的传输路线或者由表示用户设备的端点和起交换作用的转接交换点及它们之间的连接路线组成。

转接交换设备是现代通信网的核心。它的基本功能是完成接入交换节点链路的汇集、转接接续和分配。目前主要采用的是接续通话电路的电路交换方式，还有类似电报传送的报文交换方式，以及分组交换方式。接入部分是业务节点接口和用户网络接口之间的传送实体，通过标准接口将用户接入业务节点。

1. 通信网的基本要素

基于通信网的基本结构，可以得出构成通信网的基本要素是终端设备、传输链路、转接交换设备及接入部分。

终端设备是通信网中的源点和终点，它除对应于信源和信宿之外，还包括了一部分变换和反变换装置。不同的通信业务，对应不同的终端设备。如：电话业务的终端设备就是电话机，数据业务的终端设备就是数据终端。

传输链路是网络节点的连接媒介，是信息和信号的传输通路。它除对应于信道部分外，还包括一部分变换和反变换装置，如明线传输、载波传输系统、数字微波传输系统、光纤传输系统及卫星传输系统等，都可作为通信网传输链路的实现方式。

转接交换设备是现代通信网的核心。它的基本功能是完成接入交换节点链路的汇集，转接接续和分配。目前主要采用的是接续通话电路的电路交换方式，还有类似电报传送的报文交换方式，以及分组交换方式。接入部分是业务节点接口和用户网络接口之间的传送实体，通过标准接口将用户接入到业务节点。

2. 通信网的分类及构成

通信网的划分方法很多，可按用途来划分，也可按传输信号的特征来划分等。按照所能实现的业务种类，通信网可以划分为电话通信网、数据通信网以及广播电视网等；按照网络所服务的范围，通信网可以划分为本地网、长途网及国际网等；按照基本结构形式，通信网可以划分为线形、环形、星形、网形和复合形五种基本结构形式。

从物理空间上看，通信网的组成元素主要有：终端机，传输线路，交换设备，相应的信令、协议和标准以及网络的拓扑结构和路由计划等。

3. 通信网的基本结构

通信网的基本机构主要有网状、星状、复合、环状和总线状五种。

网状网内任何两个及两个节点之间均有线路连接。当节点数增加时，传输链路将迅速增大。星状网也称辐射网，将一个结点作为辐射点，该点与其他结点均有线路连接，这种网的辐射点就是转接交换中心（图 2.1）。

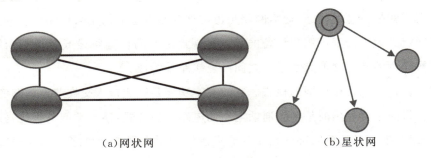

图 2.1　网状网、星状网

复合网(图 2.2)由网状网和星状网复合而成,以星状网为基础,在业务网较大的转接交换中心区间采用网状结构。

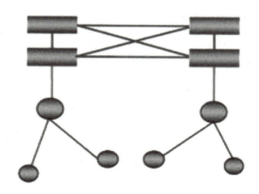

图 2.2　复合网

总线状网所有节点都连接在一个公共传输信道——总线上。环状网是将总线网的两个端点连接在一起构成的(图 2.3)。

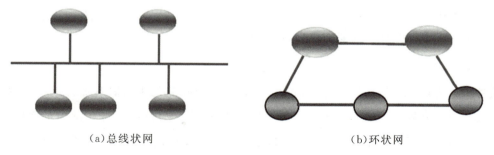

(a)总线状网　　　　　　　　　　　(b)环状网

图 2.3　总线状网、环状网

二、ITS 中的通信技术

ITS 中的通信技术包括:

1. 无线电广播

无线电广播主要应用于一些公共信息的发布。它包括交通广播和路侧通信广播。交通广播就像我们熟悉的电台广播一样,驾驶员在车辆内利用收音机接收广播信息,这比用视觉从各种信息板上得到信息更方便。国外的广播电台一般都有专设的交通信息广播节目时间,定时播送高速公路及附近公路的交通情况,比如高速公路上的事故、道路状况和气象等公共信息;另外,在市区内也可以通过交通广播向驾驶员播报各路段和各路口交通情况,以供他们选择合适的路线到达目的地。

路侧通信系统是在高速公路上利用路肩或中央分隔带上的感应天线进行广播的一种无线电通信系统。其广播的信息内容主要是各种传感器收集到的交通信息和交通管理部门的有关管理调度指令。由于这些信息是由中央控制室计算机编辑加工并经过声音合成发出的,所以,这种系统一般不需要设专职的播音员。该系统可对不同的路段、不同的车流方向通过路段所设置的发射天线播送不同的内容,播送的信息量大,内容随时间、地点的变化而变化,针对性强,实时性好。欧洲的大多国家已经普及了交通数据专用电台 RDS - TMC (Radio Data System - Traffic Message Channel),且相当多车辆的车载电台拥有 RDS 的接收能力。

无线电广播一般可采用调幅或调频方式。为了充分利用现有的广播资源,可以不重新建立专用的交通广播电台,而是利用现有调频电台(也可以是调幅电台)的副载波将交通信息调制后和电台节目一起发射出去。需要说明的是,普通接收机(收音机)只能收到电台节目而收不到副载波上的交通信息,要想收到交通信息必须用专用接收机。

2.电缆通信

紧急电话、调度电话、道路情报板、可变限速标志、收费口、车辆检测器、匝道口与控制中心进行的低速数据通信通常利用市话电缆、双绞线或屏蔽电缆传输信号,一般采用基带传输方式。

3.微波通信

数字微波中继通信是地面传输的一种有效通信手段。其中继间距一般为 30～50 km。用于难以敷设光缆或电缆地区的通信接力,还用于专用短距离通信。

4.移动通信

通常包括常规的无线通信系统(车载电台)和新兴的蜂窝无线通信系统、无线寻呼系统、无绳电话系统等。而蜂窝无线通信系统一般采用工作于 800 MHz 的全球移动通信系统(Global System for Mobile Communications,GSM)专用集群指挥通信系统或蜂窝数字式分组数据交换网络(Cellular Digital Packet Data,CDPD)移动数据通信系统。移动通信特别适宜于路政管理、交通安全管理、道路养护、收费稽查、紧急求援和事故处理等场合。目前欧洲、中国已经普及了 GSM,其中欧洲使用 GSM 的费用很低,且数据通信的效果很好。美国有多种移动数据通信系统,其中以 CDPD 系统最有潜力。随着通信技术的发展和使用成本的降低,以蜂窝无线通信系统——GSM 和码分多址(Code Division Multiple Access,CDMA)为主的移动通信将在 ITS 的各个领域(尤其是车辆定位)中发挥越来越大的作用。

5.光纤通信

用于高速公路或城市道路计算机广域网(Wide Area Network,WAN)与局域网(Local Area Network,LAN)。可搭载数据、文本、图像、语音、图片等多媒体信息。光纤通信具有抗干扰能力强、衰减小等特点。

6.数字基带通信

主要用于局域网(LAN)内部和一些检测器、监视器、传感器信号的传输。

第二章 智能交通系统的相关技术

7.数字载波通信

主要用于高速公路或城市道路计算机广域网（WAN）与局域网（LAN）的信息传输。尤其适合对大路数、长距离的信息传输。

8.红外线与超声波通信

主要用于一些传感器的数据采集和短距离数据通信。

9.卫星通信

目前主要用于 GPS 系统。

上述通信技术在 ITS 中并不都是独立存在的，很多技术相互渗透、相互交叉。我国现在大多数高速公路通信网采用同步数字体系（Synchronous Digital Hierarchy，SDH）技术，随着 ITS 的不断深入和科学技术的迅猛发展，特别是宽带综合业务数字网技术的兴起，高速公路上的通信网、计算机网和监控网三大网将会合并成一个网，从而大大提高了通信效率和管理水平。

三、计算机网络

（一）计算机网络的定义

计算机网络系统就是利用通信设备和线路将地理位置不同、功能独立的多个计算机系统互联起来，以功能完善的网络软件实现网络中资源共享和信息传递的系统。通过计算机的互联，实现计算机之间的通信，从而实现计算机系统之间的信息、软件和设备资源的共享以及协同工作等功能，其本质特征在于提供计算机之间的各类资源的高度共享，实现便捷地交流信息和交换思想。

计算机网络系统是由网络硬件和网络软件组成的。在网络系统中，硬件的选择对网络起着决定性的作用，而网络软件则是挖掘网络潜力的工具。

①计算机网络建立的主要目的是实现计算机资源的共享。计算机资源主要是指计算机硬件、软件与数据。

②互联的计算机是分布在不同的地理位置的多台独立的"自治计算机"。联网的计算机既可以为本地用户提供服务，也可以为远程用户提供网络服务。

③联网计算机之间遵循共同的网络协议。

（二）计算机网络的发展

计算机网络的发展经历了一个从简单到复杂的过程，从为解决远程计算信息的收集和处理而形成的联机系统开始，发展到以资源共享为目的而互联起来的计算机群（图 2.4）。

图 2.4 计算机网络的发展

1. 具有通信功能的单机系统

早期的计算机价格昂贵,是一种稀缺资源,只有为数不多的计算中心才拥有这种资源,使得计算机的用户需到计算中心去上机。单机系统示意图如图 2.5 所示。

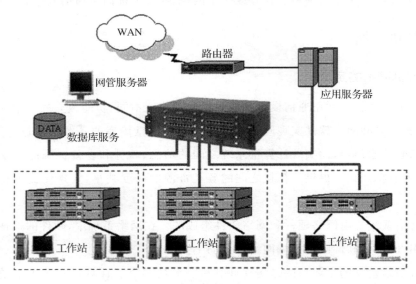

图 2.5 单机系统

2. 具有通信功能的多机系统

单机系统在终端方面存在两个明显的缺点:

一是由于主机既要承担数据处理任务又要完成通信任务,造成自身负荷过重,当通信量很大时几乎没有时间处理数据。

二是通信线路利用率低,特别是在终端远离主机时更为明显。

针对以上两个缺点采用了以下措施:

(1)为主机配备前端处理机,负责通信机能集中更多的时间去处理数据。

(2)在终端较为集中区域设置线路集中器,把大量终端通过低速线路连到集中器上,由集中器按一定格式将终端信息汇总,再通过集中器连接到主机的高速线路把信息传到主机。

3. 计算机通信网络

随着计算机应用的发展和计算机硬件价格的下降,一个大的公司常拥有多台计算机系统。这些机器有可能分布在不同的地区,它们之间经常需要进行信息交换,从而形成了计算机通信网络(图 2.6)。

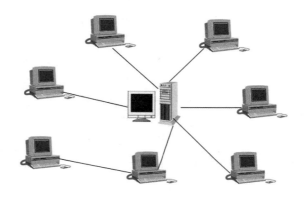

图 2.6　计算机通信网络

4. 计算机网络

随着计算机通信网络的发展和广泛应用,通信网络用户对网络提出了更高的要求,即希望共享网内计算机系统共同完成某项工作,这就形成了以共享资源为主要目的的计算机网络。

5. 计算机局域网

计算机局域网(图 2.7)是在计算机网络(广域网)的基础上发展起来的,广域网的很多技术也在局域网中得到应用。

图 2.7　计算机局域网

(三)计算机网络的体系结构

计算机网络的体系结构如图 2.8 所示。

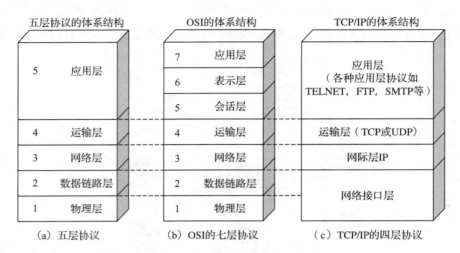

图 2.8　计算机网络体系结构

1. 五层协议

(1)应用层：为特定应用程序提供数据传输服务,例如超文本传输协议(Hyper Text Transfer Protocol,HTTP)、域名系统(Domain Name System,DNS)等。数据单元为报文。

(2)传输层：为进程提供通用数据传输服务。由于应用层协议很多,定义通用的传输层协议就可以支持不断增多的应用层协议。传输层包括两种协议：传输控制协议(Transmission Control Protocol,TCP),提供面向连接、可靠的数据传输服务,数据单位为报文段；用户数据报协议(User Datagram Protocol,UDP),提供无连接、尽最大努力的数据传输服务,数据单位为用户数据报。TCP 主要提供完整性服务,UDP 主要提供及时性服务。

(3)网络层：为主机提供数据传输服务。网络层只把分组发送到目的主机,但是真正通信的并不是主机而是主机中的进程。传输层提供了进程间的逻辑通信,传输层向高层用户屏蔽了下面网络层的核心细节,使应用程序看起来像是在两个传输层实体之间有一条端到端的逻辑通信信道。网络层把传输层传递下来的报文段或者用户数据报封装成分组。

因为网络层是整个互联网的核心,因此应当让网络层尽可能简单。网络层向上只提供简单灵活的、无连接的、尽最大努力交互的数据报服务。使用 IP 协议,可以把异构的物理网络连接起来,使得网络层看起来好像是一个统一的网络。IP 网络的概念如图 2.9 所示。

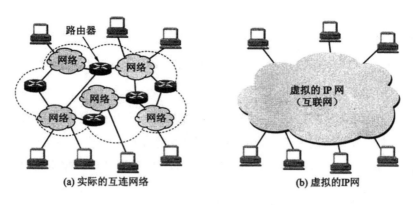

图 2.9 IP 网络的概念

与 IP 协议配套使用的有三个协议（图 2.10）：地址解析协议（Address Resolution Protocol，ARP）、网际控制报文协议（Internet Control Message Protocol，ICMP）、网际组管理协议（Internet Group Management Protocol，IGMP）。

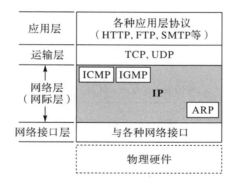

图 2.10 网际协议 IP 及配套协议

（4）数据链路层。网络层针对的还是主机之间的数据传输服务，而主机之间可以有很多链路，链路层协议就是为同一链路的主机提供数据传输服务。数据链路层把网络层传下来的分组封装成帧。

（5）物理层。根据信息在传输线上的传送方向，分为以下三种通信方式：单工通信的单向传输，半双工通信的双向交替传输，全双工通信的双向同时传输。

物理层的作用是尽可能屏蔽传输媒体和通信手段的差异，使数据链路层感觉不到这些差异。

2. OSI

开放式系统互联（Open System Interconnection，OSI）中表示层和会话层用途如下：

表示层：数据压缩、加密以及数据描述。这使得应用程序不必关心各台主机中数据内部格式不同的问题。

会话层:建立及管理会话。

五层协议没有表示层和会话层,而是将这些功能留给应用程序开发者处理。

3. TCP/IP

它只有四层,相当于五层协议中数据链路层和物理层合并为网络接口层(图2.11)。TCP/IP体系结构不严格遵循 OSI 分层概念,应用层可能会直接使用 IP 层或者网络接口层。

TCP/IP 协议簇是一种沙漏形状,中间小两边大,IP 协议在其中占据举足轻重的地位。

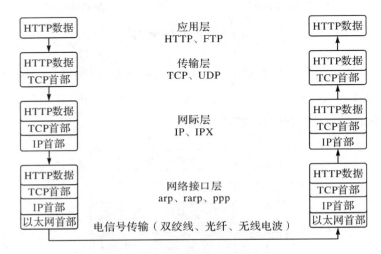

图 2.11　TCP/IP 协议

4. 数据在各层之间的传递过程

数据在各层之间的传递过程如图 2.12 所示。在向下的过程中,需要添加下层协议所需要的首部或者尾部,而在向上的过程中不断拆开首部和尾部。

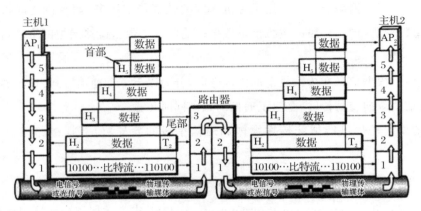

图 2.12　数据在各层之间的传递过程

路由器只有下面三层协议,因为路由器位于网络核心,不需要为进程或者应用程序提供服务,因此也就不需要传输层和应用层。

(四)计算机网络的分类

(1)按照计算机网络的归属把它分为专用网(一个或几个部门所有)和公共数据网(国家或全球性网)。

(2)按网络中采用的信息交换方式把它分为电路交换网、分组交换网和综合式业务数字网。

有时为了突出计算机网络某个方面的特点,采用不同的分类方法。例如,光纤网突出了它的传输介质是光纤,基带网突出了它在介质上传送的是基带信号,其他如总线网、环状网、异构网和同构网等都分别突出了网络的拓扑结构和组成网络的计算机的类型的异同。

(3)最常见的分类方法是按照系统内计算机之间耦合程度和覆盖范围来进行分类(图2.13)。

图 2.13 计算机网络分类

多处理机系统:是紧密耦合型系统。将多个处理机固定在一块印刷电路板上或一个机柜内,通过高速并行总线或矩阵开关网络将多个处理机、存储器连接在一起,通常在一个操作系统的控制下,实现系统内不同作业或进程的并行操作,共享系统内的存储器。

计算机局域网:LAN 是松散耦合型的系统,网中各计算机间由通信信道相连,一台计算机可以把其他计算机看成是某个输入/输出设备,从而在计算机系统间实现信息传输,用这种方法共享局域网内的资源。

计算机广域网:WAN 是松散耦合型系统,计算机之间的信息传输都是通过输入/输出通信控制设备和通信信道进行的,但其覆盖范围远大于局域网,通常可以覆盖一个城市、一个省区、一个国家,甚至覆盖整个地球。通常把覆盖一个城市的广域网称为城域网,有时也将它作为局域网的一种来讨论。

第二节 传感器技术

一、传感器的定义及分类

1. 定义

根据国标 GB/T 7665－2005《传感器通用术语》中的定义,传感器是能感受被测量并按照一定的规律转换成可用输出信号的器件或装置,通常由敏感元件和转换元件组成。

现代交通系统包括大量的自动化控制系统,这些自动化控制系统都是以检测技术为基础。而检测器最核心的单元就是传感器单元,任何参数的成功检测均离不开传感器(图 2.14),它是检测技术实现的基础。

图 2.14 传感器

传感器为各类控制系统提供"眼睛",保证地铁良好的运行秩序和舒适的环境。传感器广泛分布在地铁空调系统、给排水系统、配电与照明系统、门禁系统、火灾自动报警监控系统、屏蔽门等系统中。

传感器是一种把非电学物理量转变成便于利用的电信号的器件,它是现代信息技术的"感觉器官"。与人的感觉器官相比它具有非常大的优势。正因如此,它被广泛应用在了生产生活的各个领域,发挥着非常重要的作用。不同种类的传感器功能不同,总体来说常将传感器的功能与人类五大感觉器官相比拟。

光敏传感器——视觉:基于光电效应等。

声敏传感器——听觉:基于压电效应、扰变效应等。

气敏传感器——嗅觉:基于吸附效应。

化学传感器——味觉:基于超分子化学等。

压敏、温敏、流体传感器——触觉:基于压电效应、热电效应、热敏效应等。

2.分类

传感器按大类可以分为:电阻式传感器、电感式传感器、电容式传感器、压电式传感器、磁电式传感器、热电式传感器、光电式传感器、数字式传感器、光纤式传感器、超声波传感器、热敏传感器、模拟传感器等。

传感器按用途可以分为:压力敏和力敏传感器、位置传感器、液位传感器、能耗传感器、速度传感器、加速度传感器、射线辐射传感器、热敏传感器。

传感器按原理可以分为:振动传感器、湿敏传感器、磁敏传感器、气敏传感器、真空度传感器、生物传感器等。

传感器按输出信号可以分为:模拟传感器、数字传感器。

ITS中常用的传感器(图2.15、图2.16)包括:

(1)磁性传感器。主要根据磁性物理量的变化情况,通过对磁性标记的反应,来测量物理量。

(2)图像传感器。指有关的图像处理设备,用于辨别道路的标线、检测前后的车辆和道路上的障碍物。

图2.15 磁性、图像传感器

图2.16 雷达、超声波传感器

（3）雷达检测器。基本工作原理基于多普勒效应。由安装在车上或道路上的检测器发射微波束，当遇到车辆或其他障碍时，波束反射回天线，利用车辆进入检测区和离开检测区产生的两个脉冲，换算出所需的交通参数。

（4）超声波传感器。由传感器发射一束能量到检测区，接收反射回来的能量束，通过换能装置，将能力束换成需要的数据，从而判断检测物是否存在或与传感器的相对位置。

（5）红外传感器。通过接收来自待测目标的红外辐射，实现所需数据的监测。

二、地磁车辆检测

近年来汽车企业飞速发展，汽车的保有量不断上升。路网容量低于汽车保有量，从而导致城市越来越多的交通拥堵。ITS将传感器控制、通信传输、图像识别等新兴技术有效地结合起来，能够准确地实时监测交通流量、车辆速度、车道占有率等交通信息，将交通信息加以分析再根据人们先前制订的指标做出决策，引导智能交通。车辆检测作为智能交通的重点研究领域，实现交通智能化的基础车辆检测方法很多，按照传感器的检测方式可分为侵入式和非侵入式两类。交通状态的获取是实现所有科学调控的基础和前提，同时能为智能交通管理提供数据支持。

无线地磁是车辆识别的新兴技术，其原理是将地磁传感器安装在路面上，通过低功率无线电技术连续不断地向附近的接入点发送检测数据。各向异性磁阻传感器，利用阻值的差值与偏置电流和磁场矢量的夹角之间的函数关系变化，来判断有无车辆经过。无线地磁与传统的地磁线圈相比具有安装尺寸小、检测精度高、稳定持久、施工量小、抗干扰性强、使用寿命长等优点，在汽车信息采集中具有重要的作用。

我国的主要交通检测技术是将感应线圈铺设在道路上，通过传感器反馈的信息来实现车辆检测。从非侵入式技术的鲁棒性来看，该技术的鲁棒性较低，受天气影响较大。雨雪等恶劣天气对视频和图像处理能力的要求比较高，使得这项技术的应用场所受到限制。从工程角度来看，感应线圈的安装需要对路面进行切缝，从而使道路软化损坏路面，并且感应线圈的安装与维护会暂时影响道路交通。利用地磁检测来统计交通数据获得当前的交通状态，以此来指挥交通，解决交通拥堵的问题是当前应用的重点。国内部分研究人员将地磁检测器与其他检测器同时使用，一方面可验证检测器数据的实用性，另一方面，可提高设备的检测精度，从而也考验了地磁车辆检测器能否作为交通流量监测的核心技术。

1.地磁车辆检测系统

地磁车辆检测系统（图2.17）基于视频图像识别方法，成本较高，实时性较差；声波检测常有较大干扰，识别率比较低；感应线圈因道路施工频繁，线圈完好率较低，维护费用较高的局限性，地磁车辆检测以检测精度高，具有自适应、自学习能力，适应各种复杂天气，抗干扰性强，工作稳定可靠,安装维护方便,使用寿命长的优点已开始逐步应用。

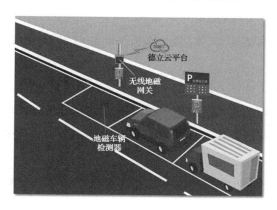

图 2.17 地磁车辆检测系统

地磁车辆检测系统由地磁传感器、中继器和主控器三部分组成。

(1)硬件系统包括:地磁检测器,RF 中继器,主控器。

(2)软件系统包括:嵌入式软件和上位机配置软件。其中嵌入式软件又包括地磁检测软件(地磁检测器)、中继管理软件(RF 中继器)、主控软件(主控器)。

(3)算法包括:车辆检测算法、车型识别算法、测速算法。

地磁检测模块是系统的核心,可实现流量计数、车辆到达时刻、占有时间等原始检测数据的获取。将原始检测数据经 RF 中继器无线传输至主控器,主控器可对数据进行接收和信号处理,进一步获得车速、车型等车辆信息,并可通过多功能接口模块将需要的信息传输至信号机、摄像机等其它管理或控制系统,以满足交通信号控制系统的控制需求或交通诱导系统的信息更新及发布等需求。

2. 地磁传感器

车辆本身含有的铁磁物质会对车辆存在区域的地磁信号产生影响,使车辆存在区域的地球磁力线发生弯曲。当车辆经过地磁车辆传感器(图 2.18)附近,传感器能够灵敏感知到信号的变化,经信号分析就可以得到检测目标的相关信息。

图 2.18 地磁传感器

地磁车辆传感器特点:检测精度高;具有自适应、自学习能力;适应各种复杂天气;抗干扰性强,工作稳定可靠;安装维护方便;使用寿命长。

地磁传感器应具有检测精度高、低功耗、体积小的特点,具备检测与信号处理功能,故选型应重点考察以下指标:

(1)检测轴数:目前地磁检测一般采用2轴或3轴的地磁传感器。

(2)工作电流:工作电流的大小将决定产品的使用年限和维护周期。

(3)采样频率:采样频率的选择与算法密切相关,同时与应用场景的车速、检测内容、检测准确度要求、电池使用寿命均有关系。

(4)数据输出类型:数据输出类型分为模拟输出和数字输出。模拟输出:将地磁场的变化以模拟电压形式输出,利用微控制单元(Microcontroller Unit,MCU)中的A/D采样输出单元对其进行模数转换,变为数字输出。数字输出:传感器中集成了A/D采样,可直接输出数字信号。

(5)检测灵敏度:检测灵敏度是指传感器可分辨的最小磁场变化。检测灵敏度越高,输出的电压值越精确。

第三节　车辆自动驾驶技术

一、自动驾驶技术体系

自动驾驶技术利用多种车载传感器(如雷达、超声传感器、GPS、磁罗盘等)感知车辆周围环境,控制车辆的转向和速度,根据实时路况进行动态路径规划,实现车辆自动、安全、可靠的行驶。

其体系结构主要包括三大系统:定位导航系统(车辆定位技术)、环境感知系统(视觉/非视觉识别技术)和规划控制系统(路径规划,速度、方向与辅助控制技术)。

为实现自动驾驶首先要解决车道检测和障碍物检测两个问题(图2.19)。

车道检测:道路定位,确定车、路之间的相对位置,分析车辆航向角。

障碍物检测:确定车道障碍物的位置。

1. 车道检测

在大多数智能原型车辆中,车道检测可以分成下面两步:首先初步计算车、路之间的相对位置,然后通过执行器将车辆控制在车道上的安全驾驶位置。

这样的车道检测系统要实现在完全非规划道路上(没有车道标志)或山地上安全驾驶,其中车道检测要辨识车道基本几何特征。

图 2.19　车道、障碍物检测

2. 障碍物检测

不同的时间，传感器可以获得多幅图像；不同的摄像机在不同的视角可以获得同一时间的多幅图像。这项技术必须有足够的抗干扰能力及鲁棒性，并能补偿传感器系统的基准点漂移。

根据光流处理的基本技术要求对图像序列进行分析。计算二维矢量时，需对每个像素的垂直和水平速度分量进行编码，根据结果计算自身运动；同时障碍物检测可以通过预测光流和现实之间速差来得到。

目前有一种非常有前景的解决问题方法就是反转透视图法，透视效果是在视觉图像采集过程中获得的。这种技术成功应用在计算光流域和规范化道路上的障碍物检测。

二、自动驾驶关键技术

自动驾驶控制系统通常被分为三部分：环境感知、决策规划、控制执行。

自动驾驶涉及的关键技术（图 2.20）包括了环境感知和传感器融合、智能网联 V2X、高精度地图、决策规划等关键技术。

图 2.20　自动驾驶关键技术

1. 环境感知

自动驾驶的传感系统需要通过环境感知搜集汽车周边信息,然后做出决策(转向、变道、加速、减速)。目前行业内有两种主流技术路线,一种是以特斯拉为代表的以摄像机为主导的多传感器融合方案;另一种是以谷歌、百度为代表的以激光雷达为主导,其他传感器为辅助的技术方案。无论哪种方案,都需要通过智能控制算法,根据驾驶员意图、当前车速、外部环境等状态计算规划驾驶指令、规划路径,最后由线控底盘系统来执行驾驶指令、控制车辆运行。环境感知(图 2.21)过程分析的数据包括:车辆本身状态、道路、行人、交通信号、交通标识、交通状况、周围车辆等。

图 2.21 环境感知

其中车辆本身状态感知包括车辆速度、行驶方向、行驶状态、车辆位置等;道路感知包括道路类型检测、道路标线识别、道路状况判断、是否偏离行驶轨迹等;行人感知主要判断车辆行驶前方是否有行人,包括白天行人识别、夜晚行人识别、被障碍物遮挡的行人识别等;交通信号感知主要是自动识别交叉路口的信号灯,判断如何高效通过交叉路口等;交通标识感知主要是识别道路两侧的各种交通标志,如限速、弯道等,及时提醒驾驶员注意;交通状况感知主要是检测道路交通拥堵情况、是否发生交通事故等,以便车辆选择通畅的路线行驶;周围车辆感知主要检测车辆前方、后方、侧方的车辆情况,避免发生碰撞,也包括交叉路口被障碍物遮挡的车辆。在复杂的路况交通环境下,单一传感器无法完成环境感知的全部,必须整合各种类型的传感器,利用传感器融合技术,使其为自动驾驶汽车提供更加真实可靠的路况环境信息。

2. 车用无线通信技术

车用无线通信技术(Vehicle to Everything,V2X)是将车辆与一切事物相连接的新一代信息通信技术,其中 V 代表车辆,X 代表任何与车交互信息的对象,当前 X 主要包含车、人、交通路侧基础设施和网络。V2X 交互的信息模式包括:车与车之间(Vehicle to Vehicle,V2V)、车与路之间(Vehicle to Infrastructure,V2I)、车与人之间(Vehicle to Pedestrian,V2P)、车与网络之间(Vehicle to Network，V2N)的交互。V2V 技术允许车辆通过转发自身及前方的实时信息来预防事故的发生，从而减少驾驶时间，最终实现改善交通环境，减少交通拥堵的目的。

V2I 技术通过无线的方式帮助车辆和路侧的交通设施实现数据交换，主要应用包括交叉路口安全管理、车辆限速控制、电子收费、运输安全管理，以及道路施工和限高警示等。这项技术会推动交通设施智能化，包括禁止驶入灯牌、天气信息系统等交通设施都可进化为通过多种算法可识别高风险情况并自动采取警示措施的智能交通设施。

目前 V2X 领域分为专用短程通信技术(Dedicated Short Range Communication，DSRC)和蜂窝车联网(Cellular - Vehicle to Everything，C - V2X)两个标准和产业阵营。由于国内市场拥有全球最大的 4G LTE 网络和成熟的产业链，并且在 DSRC 技术上没有太多积累，因此有分析认为国内 V2X 发展会向 C - V2X 倾斜。

3. 高精地图

高精地图拥有精准的车辆位置信息和丰富的道路元素数据信息，可以帮助汽车预知路面复杂信息，如坡度、曲率、航向等。和传统地图相比具有更高的实时性。道路路面会经常发生变化，如道路整修、标识线磨损或重漆、交通标识改变等，这些改变都要及时反映在高精地图上。高精地图将更强调空间的三维模型以及精度，将精度从米级降到厘米级，并非常精确地显示路面上的每一个特征和状况。

4. 规划决策

规划决策是体现无人驾驶智能性的核心技术，相当于自动驾驶汽车的大脑。它通过综合分析环境感知系统提供的信息，及从高精地图路由寻址的结果，对当前车辆进行规划(速度规划、朝向规划、加速度规划等)，并产生相应的决策(跟车、换道、停车等)。规划技术还需要考虑车辆的机械特性、动力学特性、运动学特性。常用的决策技术有专家控制、隐马尔可夫模型、贝叶斯网络、模糊逻辑等。

5. 车载网络总线技术

目前汽车上广泛应用的网络有控制器域网(Controller Area Network，CAN)、局域互联网络(Local Interconnect Network，LIN)和面向媒体的系统传输(Media Oriented System Transport，MOST)总线等，它们的特点是传输速率小、带宽窄。随着越来越多的高清视频应用进入汽车，如高级驾驶辅助系统、360 度全景泊车系统，现有通信总线的传输速率和带宽已无法满足需要。车载以太网顺应未来汽车行业的发展趋势，即开放性兼容性原则，最有可能进入智能网联汽车环境下工作，它采用星形连接架构，每一个设备或每一条链路都可以专享 100M 带宽，且传输速率达到万兆级。目前车载以太网已经有部分场景开始应用。

6. 信息安全与隐私保护技术

自动驾驶汽车通过车辆网接入网格的同时，也带来了信息安全的问题：在应用中，每辆车及其车主的信息都将随时随地地传输到网络中被感知,这种显露在网络中的信息很容易被窃取、干扰甚至修改等,从而直接影响智能网联汽车体系的安全。因此在智能网联汽车中,必须重视信息安全与隐私保护技术的研究。

7. 人机交互技术

人机交互技术,尤其是语音控制、手势识别和触摸屏技术,在全球未来汽车市场上将被大量采用。自动驾驶汽车人机交互大屏的设计,其目的是提供好的用户体验,增强用户的驾驶乐趣或驾驶过程中的操作体验。同时,其设计还要注重驾驶的安全性。人机界面的设计必须在好的用户体验和安全性之间做好平衡,并且安全性始终是第一位的。自动驾驶汽车人机界面应集成车辆控制、功能设定、信息娱乐、导航系统、车载电话等多项功能,方便驾驶员快捷地从中查询、设置、切换车辆系统的各种信息,从而使车辆达到理想的运行和操纵状态。

自动驾驶车辆未来商业化,除了解决以上技术外,还需要解决功能安全、信息共享、辅助驾驶等其他重要技术。目前的自动驾驶还是停留在实验室阶段,技术成熟度还达不到要求,随着技术的进步和升级,自动驾驶需要的各种关键技术将会被一一突破,到那时自动驾驶汽车才可以普遍地走入人们的生活。

复习 思考题

1. 专用短程通信服务包括哪些?
2. ITS 子系统间的通信方式包括哪些?
3. 简述通信网设计的主要步骤。
4. 简述地磁车辆检测系统的组成。
5. 自动驾驶技术体系包括哪些系统?
6. 简述自动驾驶系统的关键技术。

第三章 交通地理信息系统

第一节 交通地理信息系统概述

一、交通地理信息系统发展概况

地理信息系统（Geographic Information System, GIS）出现于20世纪60年代，最初用于土地资源管理和自动制图，经过不断发展现在已广泛应用于城市规划、资源调查、环境评估、交通和公共设施等领域。近30年来，随着信息技术的发展，地理信息系统在交通领域的推广与应用在国内外受到了极大重视。目前已经被广泛应用到智能交通与交通运输管理的各个方面，并正逐步发展成为一门新兴学科——交通地理信息系统（Geographic Information System for Transportation，即GIS-T）。GIS-T是在传统GIS基础上，加入几何空间网络概念、线性参照和动态分段等技术，并配以专门的交通建模手段而组成的专门系统，如图3.1所示。

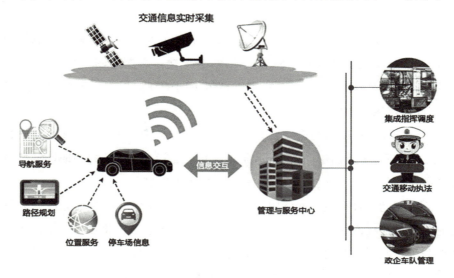

图3.1 交通地理信息系统

20世纪60年代，美国人口统计局建立了双重独立地图编码文件（Dual Independent Map Encoding，DIME）以及后来的拓扑统一地理编码参考文件（Topologically Integrated Geographic Encoding and Referencing，TIGER)数据模型，当时他们就采用了基于点和线的一维线性网络来表达道路系统。在那些与点线相连的属性表中，记录了点线的各种属性信息。一直以来，这种模式都是道路交通系统表达模型的一个主流。但是随着社会和经济的发展，道路交通系统变得日益复杂，对交通地理信息系统的要求越来越高，GIS-T 将面临更多的挑战。

在我国交通运输部做出的交通运输信息化"十二五"发展规划中，又对"GIS-T"做出了更加明确的定义，即面向交通行业的地理信息共享服务平台。规划发布之后，全国各级交通信息化主管部门逐步开展了"GIS-T"的规划和建设工作。

GIS-T 建设规划的前身，是各省展开的信息资源整合工作以及相关的示范工程建设项目。通过信息资源整合，将一些交通基础设施的空间数据通过一定的规范收集整理，建立了交通空间信息数据库，进而开发应用项目。但随着信息化建设发展，整合之后的交通空间信息，以及各部门之间的自有的数据共享要求更加明确，建立共享平台 GIS-T 的规划随之到来。1995 年交通部科技司申报国家重点科技项目"GIS 在公路信息系统中的应用研究与开发"中，着手研究将GIS-T 技术用于公路建设和管理，建成基于公路交通的地理信息系统。1998 年中国城市规划研究院承担的 863 项目"GIS 支持下的城市交通需求分析系统软件开发"，将城市地理信息系统和交通需求模型结合为一体进行研究开发，在交通需求分析中引入地理信息系统空间数据分析模型和空间技术分析，从交通数据采集、管理、交通分析过程以及结果的表现等方面对交通需求分析进行支持。GIS-T 的研究在中国蓬勃发展起来。

GIS-T 的主要功能：

(1)基本功能。包括编辑、制图和显示及测量图层等功能，主要用于对空间和属性数据的输入、存储、编辑，以及制图和空间分析等。编辑功能使用户可以添加和删除点、线、面或改变它们的属性。制图和显示功能可以制作和显示地图，分层输出专题地图，如交通规划图、国道图等，显示地理要素、技术数据，并可放大缩小以显示不同的细节层次。测量功能用于测定地图上线段的长度或指定区域的面积。

(2)叠加功能。允许两幅或更多图层在空间上比较地图要素和属性，分为合成叠加和统计叠加。合成叠加得到一个新图层，它将显示原图层的全部特征，交叉的特征区域仅显示共同特征；统计叠加的目的是统计一种要素在另一种要素中的分布特征。

(3)动态分段功能。根据地图网络中的连线属性，将特征相近的连线分段。分段是动态进行的，因为它与当前连线的属性相对应，如果属性改变了，动态分段将创建一组新的分段。

(4)地形分析功能。主要通过数字地形模型(DTM)，以离散分布的平面点来模拟连续分布的地形，为道路设计创建一个三维地表模型，这在道路设计中是十分需要的。

(5)栅格显示功能。允许 GIS 包含图片和其它影像，并可对这些图片对应的属性数据进行叠加分析，从而对图层进行更新。可以通过添加新特征，如桥梁和交叉口以及更正线型等，对原有的道路图层进行更新。对带状（或多边)图层进行叠加可以标出土地的用途和其它属性。

(6)路径优化功能。最短时间路径分析模型在运输需求模型中已经使用了很多年。集成化的 GIS-T 将具有这一功能,而无须与其它软件创建链接。当然随着 GIS-T 功能的完善,将来与其它软件如运输需求规划模型和道路设计软件的链接将是必然的。

叠加功能、地形分析功能和路径优化功能,为交通地理信息系统软件空间分析提供了强大的工具和广阔的应用空间。

二、GIS-T 在交通领域的应用

由于交通基础设施以及与之相关的交通数据均具有空间地理特性,使得地理信息系统成为交通规划和管理者处理交通数据的有效手段。因此,交通地理信息系统是 GIS 技术在交通领域的延伸,是 GIS 与多种交通数据分析和处理技术的集成,是以采集、存储、管理、综合分析和处理空间数据和交通数据为主要目标的科学技术。GIS 技术在交通工程领域的主要应用有以下几方面:

(1)基于 GIS 的交通设施管理信息系统。该类系统将地理图形信息与其相应的附属信息结合在一起,用于对交通基础设施(路网、公交线路、停车场站等设施)数据进行存储、管理及查询,并且在 GIS 空间分析的支持下,具有路径分析等简单的分析功能。该类系统是比较常见的基本应用,一般面向交通设施的管理部门,如图 3.2 所示。

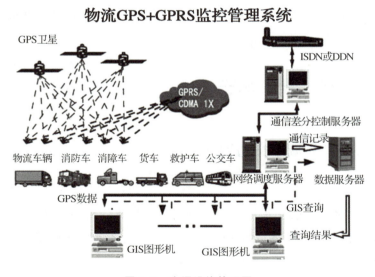

图 3.2　交通设施管理图

(2)基于 GIS 的交通规划辅助支持系统。该类系统基于 GIS 软件,结合交通规划的工作内容,借助于 GIS 软件的数据处理能力,完成交通规划各阶段基础数据的准备工作,并在交通规划分析模型的支持下,完成交通规划所需空间分析。该类系统或是在 GIS 平台上直接开发交通需求分析软件,或是与交通规划软件建立良好的数据接口,在两者之间实现数据格式的相互转换,从而进行交通模型的建立和运用。该类系统主要面向交通规划研究与设计机构。

(3)智能交通系统基础平台。该类系统以基础地理信息软件为平台,结合交通检测、数据通信、数据处理等技术,将道路监控视频(图 3.3)、交通控制等实时动态信息及交通标志、停车场位置及容量等各种数据集成起来进行集中管理、分析;实时提供城市各主要道路的交通流量、车速、交通密度、事故发生情况等的初级辅助决策信息,以便交通管理人员做出快速响应。

图 3.3　道路监控视频

此外,该系统同时面向公众提供路径指引、实时交通态势报告等全方位的交通信息咨询服务。该类系统利用 GIS 技术、数据检测技术以及数据通信与处理技术对城市交通信息进行采集、分析、融合、存储、传输与综合分析处理。

第二节　基于 GIS-T 的实际应用

一、基于 GIS-T 的城市交通网络

1. 网络的定义

城市区域交通网络可以抽象为由节点、有向边和权构成的拓扑图,网中的节点就是街道交叉口,其边(弧)即该网络两交叉路口间的街道,其弧长是与该网络的边(弧)相关的数量指标,称为边(弧)的权,例如道路的长度、运行时间、运输费用等。

2. 网络的描述

网络的描述包括定性和定量描述,"城市区域交通网络"属于定性描述。定量描述包括空间特征和属性特征两个方面。空间特征主要指交通空间实体的空间坐标,用几何网络与拓扑网络表示。几何网络表征空间位置,拓扑网络表征空间关系。如图 3.4 所示,为区域交通网络交通实体的空间数据描述。属性特征指的是一些量化指标,如交通量、出行时间等。空间特征数据

和属性特征数据之间通过关键字建立逻辑连接。

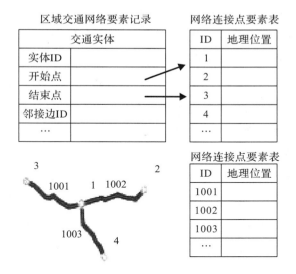

图 3.4　区域交通网络交通实体的空间数据描述

3. 数据结构

城市区域交通网络属性数据按其在交通分析中的作用可分为基础数据和分析数据。基础数据为交通分析做准备,从基础数据可得到区域交通网络结构和必要的属性描述。分析数据是在交通分析过程中生成的。以某小区交通数据结构为例,如表 3.1 所示。

表 3.1　某小区交通数据结构

类型	字段序数及名称	数据类型	宽度	小数位	索引	备注
基础数据	1. 小区编号	整型(4字节)	10	0	有	小区编号
	2. 小区面积	浮点型(8字节)	10	2		小区面积
	3. 总人口数	整型(4字节)	10	0		
	4. 总就业岗位数	整型(4字节)	10	0		
分析数据	5. 出行发生量	整型(4字节)	10	0		
	6. 出行吸引量	整型(4字节)	10	0		

4. 基于 GIS-T 的城市区域交通网络的构建

城市区域交通网络的建立是数据库建立的基础,也是花费时间最多的一项工作。原始数据的处理和建立交通网络的拓扑关系是实现交通规划及其他工作的前提。传统的手工作业在网络规模比较大时难免产生错误。因此利用 GIS-T 技术对采集后的数据进行处理不仅能提高工作效率,还能避免人工操作产生的错误。

(1)数据输入。数据输入是将原始的外部交通数据转换为系统便于处理的内部格式的过程,即交通网络数字化的过程。交通网络的数据量比较大,目前广泛采用的数据输入方法是手工数字化方法。最基本的方法是,在扫描地图的基础上,生成若干没有属性信息的专题图层,如现状道路网、交通小区、公交线网图层等;然后便可利用 GIS 中的信息工具手工输入相关信息,形成完整的交通网络信息系统。在以后的交通分析中,可以很方便地调用或修改其中的交通信息。在此过程中,为了校核输入数据的正确性,可以利用 GIS 的专题地图功能,将交通网络中的"等级"等属性,用颜色或宽度加以渲染,生成交通网络等级专题地图,与实际情况相比较,可以很直观地判断输入数据正确与否。

(2)几何网络预处理。通常初始采集的原始空间数据并不能满足系统数据质量的要求,必须进行加工处理,如数据清理、检查及建立拓扑关系和数据格式转换。

(3)逻辑网络的生成。几何网络是生成拓扑网络的基础,几何网络与拓扑网络是一对多的关系,拓扑网络可以根据几何网络的边要素的空间位置由应用软件自动生成拓扑网络的结点元素、联线元素及其相互之间的拓扑关系。

(4)复杂空间对象的处理。路网主要包括道路、交通管制等概念。道路由路段和交叉口组成;路段由车道和道路隔离设施组成,交叉口分为信号控制路口和非信号控制路口。是否采取机非隔离、双向隔离等措施将会影响道路的通行能力;交叉口有无行人过街设施、有无信号控制同样也会影响道路的通行能力。而交通管制是对路段和路口的通行控制,主要规定了路段和路口的禁行和通行规则。

(5)可视化编辑与输出。数据编辑主要包括图形编辑和属性编辑。图形编辑主要包括:拓扑关系建立、图形编辑、图形修饰、图形变换、投影变换、误差校正等功能。属性编辑主要包括:属性字段的增删、记录的添加等功能。GIS－T 能以合适的形式输出用户查询结果或数据分析结果,可以利用数据校正、编辑、图形整饰、误差消除、坐标变换等技术来提高输出质量。

(6)专题地图分析。专题地图分析是 GIS－T 中最具代表性的一种数据分析方法,它将传统的数据分析引入到一个可视化空间中,规划人员可以直观地掌握全面情况。在网络优化过程中,专题地图分析提供各种可视化的交通专题地图,内容包括:交通网络结构、交通流量信息、交通服务水平等。其为规划和管理人员提供直观、全面的可视化交通网络信息。通过专题地图分析,规划人员可以发现网络不完善的地方,从而不断进行调整优化。

根据以上步骤,得出城市区域交通网络的构建流程,如图 3.5 所示。

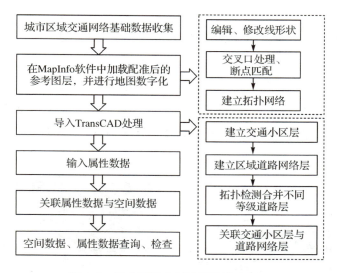

图 3.5　城市区域交通网络构建流程图

二、基于 GIS-T 的交通车辆管理

全球定位系统(Global Positioning System，GPS)，中文简称为"球位系"。GPS 系统将通信技术、卫星技术结合，形成中距离圆形轨道卫星导航系统。该系统利用卫星通信技术检测距离和时间。GPS 监控系统利用计算机网络技术构建专门的移动数据平台，在车辆管理中对车辆实时跟踪、调度、监控，为实现现代车辆管理智能化、一体化奠定基础。GPS 监控系统分为三部分：无线通信网络、车载机和监控中心。车辆管理中所应用的 GPS 监控系统充分发挥地理信息系统、数据库技术、卫星定位技术和现代通信技术的作用，对设备进行远程监控，是一种高科技监控系统。监控中心在整个监控系统中起到最为重要的作用，收集并存储数据，对收集到的数据进行相应的统计和分析。车辆上需要安装车载终端，它可以为整个监控系统提供车辆的定位信号。

将 GIS 与 GPS 系统相结合，可以建立综合交通规划空间信息管理分析系统，提高了交通网络处理的直观性和可操作性，使交通规划更加高效。虽然以土地利用和出行吸引力模型为基础的交通规划优点突出，不可替代，但其准备工作复杂，成本较高，且存在较大误差。而车辆管理系统可精确、全时观察，近乎连续地监测交通流，这一过程几乎完全自动化，解放了大量的人力，并获得连续准确的结果。该结果是交通规划中非常重要的基础数据。

GPS 监测数据与 GIS 系统相结合，可以详细描述交通情况。如果要获得连续几天的交通数据，就应该结合相应预测模型，如神经网络模型，可以预测隔日的交通流量和每小时的负荷度，进行短时交通量预测。

(1)应用于限制行车路线和区域，如图 3.6 所示。车辆行驶路线和区域是控制中心根据所接受的任务预设,车辆一旦偏离行车路线,或视力限制区域,系统会及时自动报警,直接对接控制中心。同时也会提醒驾驶员及时纠正,以防出现不可预知的问题,尤其是特殊车辆,一旦出现问题便会产生巨大损失。

(2)应用于限制车辆行驶速度,如图 3.7 所示。此系统可设置车辆容许最大行驶速度,自动实施监管。车辆一旦超速,系统自动向控制中心报警,并且同时提醒驾驶员超速驾驶。以上功能可以规定车辆的行驶路线、行驶区域、行驶速度以及方向,随时随机监控、检查,实时监控以防出现意外。

图 3.6　车辆行车纠正

图 3.7　车辆速度监控

(3)应用于记录车辆实时状态,为管理提供依据。系统除具有以上功能外,还可提供详细的形式状态记录,每间隔一分钟,自动记录并上报连续一小时以内的详细资料,包括车辆运行位置、速度、行驶方向、时间信息。根据实时记录可在电子地图上回放完整的实际行车过程,在电子地图上再现车辆行驶路线、时间。该系统可有效存储信息,为交通部门处理投诉、事故提供可靠证据。

三、基于 GIS-T 的交通安全与控制

GIS-T 具有强大的存储、分析和地图可视化显示信息的功能,为使用者提供了友好的人机对话界面,易于进行直观形象化空间分析操作,而且能够整合其它基于地理信息的相关数据。例如在进行交通安全分析时,能够被用来可视化地描述事故集中地点并能按碰撞时间、空间、类型、方向、事故严重程度等因素进行分类。

城市交通安全系统主要涉及两个部分。一是其开发和运行的平台,即 GIS-T 地图部分。该部分的主要功能是为交通安全分析、决策和预测提供城市空间地理信息。二是基于车道的交通基础设施信息,包括路面质量、路面宽度、车道数、人行道宽度、自行车道宽度、交通标志、标线、护栏等与交通事故产生有关的因素。这些信息被存储于与之相关联的表中以便查询并可进行实时动态更新。如何通过 GIS-T 的强大功能(如图形叠置、缓冲分析等),将这两部分内容整合在一起,得到基于城市综合地理信息的交通安全分析、决策和预测系统,则是系统开发的主

要目的。GIS-T安全管理系统如图3.8所示。

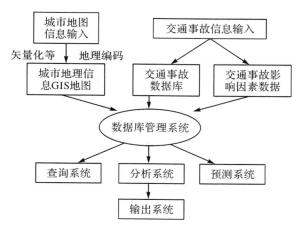

图 3.8　GIS-T 安全管理系统

1. 交通事故数据库

GIS-T 的核心是存储在数据库中被用来分析的信息。在获得交通事故发生数量的同时,也需对每次发生事故的属性进行记录,这些属性主要有:碰撞地点、时间、类型、方向、严重程度等。

2. 交通事故影响因素数据库

影响交通事故的因素很多,涉及经济、政治、教育在内的许多宏观方面,但考虑到获取这些数据的工作量和难度,通常只分析交通工程本身的一些因素。交通事故影响因素数据库的内容主要包括:(1)人的状态,如视力状态、心理状态等。(2)车辆状况,如车辆行驶特性、车辆故障等。(3)路况,如线形、路面平整度、抗滑性能等。(4)环境条件,如气候、温度、湿度等。(5)交通流。其中(1)和(2)与事故所涉及的车辆(包括驾驶员在内)有关;其余 3 项则是一些客观的因素,比较容易进行数据采集、输入、查询和定量定性评价。

3. 交通事故评价分析

交通事故分析的目的主要有:(1)为了确保交通安全、减少交通事故而取得基础技术资料。(2)根据分析结论,改善交通环境。(3)有针对性地对驾驶员进行安全教育。(4)为采取行政、技术、教育方面的措施提供依据。利用 GIS-T 软件强大的处理空间数据的功能,通过两方面对交通事故进行评价分析,一是对交通事故影响因素数据进行评价。使用 GIS-T 软件的统计功能,可非常方便地得到交通事故与每个影响因素间的统计关系。二是考察交通事故影响因素与事故类型、严重程度的关系。这一分析功能的实现主要应用了 GIS-T 软件的图层叠置原理。例如在考察事故影响因素与严重程度的关系时,可将某一影响因素图层(如交通流)与某一严重程度图层(如追尾)进行叠加,从而可以在 GIS-T 地图上形象地看出原因与结果的关系。

4.交通事故预测

交通事故预测是对未来有可能发生的事故做出估计,分析未来事故的危险程度和发展趋势,以便能及早采取措施进行防治。系统利用 GIS-T 的可二次开发性,建立预测模型,直接调用交通事故空间数据,根据不同的需要对其进行预测。预测模型可选择传统的线性回归预测法或非线性的神经网络预测技术。

复习 思考题

1.什么是地理信息系统?

2.GIS 技术在交通工程领域的应用主要有哪些?

3.GPS 监测数据与 GIS 系统相结合有哪些优势?

4.简述 GIS-T 的主要功能。

5.简述 GIS-T 的主要发展历程。

6.什么是城市交通安全系统?

第四章

车载导航系统

第一节　车辆导航系统简介

一、车辆导航系统

公路交通系统的复杂性和拥挤程度与日俱增。交通拥堵对生态环境也带来了恶劣影响。道路建设尤其是高速公路建设工程量大,施工期长,其施工场地、运输便道、生活设施等用地面积更大,因而对生态环境的影响更加明显。汽车尾气是大气环境中铅的主要来源,当汽油燃烧时,产生的无机铅随尾气排出,造成土壤的铅污染。同时,交通事故大量增加,道路安全受到挑战。所以积极发展新一代智能交通系统成为较少交通拥挤和污染,维护交通顺畅的重要手段之一。

目前,全球卫星导航系统国际委员会公布的全球四大卫星导航系统供应商包括:美国的全球定位系统(Global Positioning System,GPS)、俄罗斯的格洛纳斯导航卫星系统(Global Navigation Satellite System,GLONASS)、欧盟的伽利略导航卫星系统(Galileo Navigation Satellite System,GALILEO)、中国的北斗导航卫星系统(BeiDou Navigation Satellite System,BDS)。

近年来,在信息革命和信息化过程中,各种先进的管理思想、控制方法和实践技术逐渐成熟与完善,人们对于交通系统及其内在规律性的理解更加全面。在这种背景下,智能交通系统(Intelligent Transportation System,简称ITS)应运而生。车载系统(或称为车辆导航系统)是IST设施中涉及的一个主要应用系统,它可采取相对低级或高级的形式,具备简单或复杂的功能。低级的如依靠人工计算在纸质的地图上确定车辆位置。高级的则是一个复杂的大系统,配有车载计算机、GPS接收机和各类传感器等车载设备,充分利用检测、通信、计算机、控制、GPS和GIS等现代高新技术,动态地向驾驶员提供实时交通信息和最优路径引导指令,通过对道路上的车流进行诱导,从而平衡路网车流在时空上的合理分配,提高道路网络运输效率,缓解和防止交通阻塞,减少空气污染。

现代车辆导航系统的硬件主要包括计算机、GPS接收、航位推算(Dead Reckoning,DR)传感器、DVD/VCD、液晶显示器、操作控制面板、无线通信等,如图4.1所示。

现代车辆导航系统的软件分为系统软件和应用软件：系统软件包括操作系统和设备驱动两个部分，应用软件是根据车载导航应用需求开发的软件系统。应用软件在车载主机中运行，其基本功能包括定位与显示、地图浏览与信息查询、智能路线规划、语音引导，如图 4.2 所示。

图 4.1 车载导航硬件

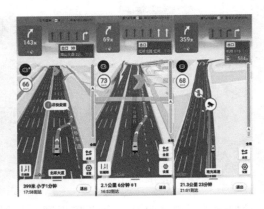

图 4.2 车载导航应用软件界面

在车辆运行中车载引导系统可以提供出行路线规划和导航。提供出行路线规划是汽车导航系统的一项重要的辅助功能，它包括自动线路规划和人工线路设计。自动线路规划是由驾驶者确定起点和目的地，由计算机软件按要求自动设计最佳行驶路线，包括最快的路线、最简单的路线、通过高速公路路段次数最少的路线。人工线路设计是由驾驶员根据自己的目的地设计起点、终点和途经点等，自动建立路线库。线路规划完毕后，显示器能够在电子地图上显示设计路线，并同时显示汽车运行路径和运行方法。同时，车载引导系统还可以查询信息，为用户提供主要物标，如旅游景点、宾馆、医院等数据库，用户能够在电子地图上显示其位置。

在车辆运行中车载 GPS 系统提供车辆跟踪功能，利用 GPS 和电子地图可以实时显示出车辆的实际位置，并可任意放大、缩小、还原、换图；可以随目标移动，使目标始终保持在屏幕上；还可实现多窗口、多车辆、多屏幕同时跟踪。利用该功能可对重要车辆和货物进行跟踪运输。指挥中心可以监测区域内车辆运行状况，对被监控车辆进行合理调度。指挥中心也可随时与被跟踪目标通话，实行管理。并且通过 GPS 定位和监控管理系统可以对遇有险情或发生事故的车辆进行紧急援助。监控台的电子地图显示求助信息和报警目标，规划最优援助方案，并以报警声光提醒值班人员进行应急处理。导航监控管理如图 4.3 所示。

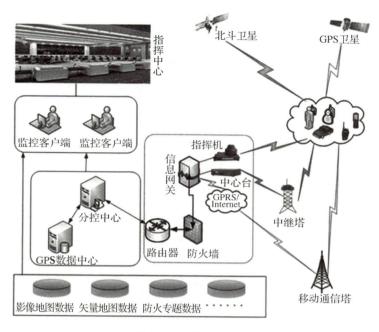

图 4.3 导航监控管理

二、地图匹配单元

地图匹配(Map Matching, MM)是一种基于软件的定位修正方法,其基本思想是将车辆定位轨迹与数字地图中的道路网信息相对应,并由此确定车辆在该地图上的位置(图 4.4)。地图匹配利用数字地图的路网信息修正 GPS 等位置传感器提供的位置输出,位置修正的前提是车辆在道路上行驶。地图匹配包括道路选择和道路匹配两个过程。道路选择主要是对道路进行分段、特征信息提取,然后采用适当的搜索规则和匹配算法,根据当前传感器给出的车辆位置信息,在地图数据库中寻找一条最有可能的路线;道路匹配是将车辆当前位置匹配并显示在这条道路上,用于消除传感器的定位误差。地图匹配是一个伪定位系统,其性能与数字地图的精度紧密相关,一般要求平面精度优于 15m。同时为了保证地图匹配的鲁棒性,要求地图的拓扑关系正确反映真实道路。地图终端操作系统如图 4.5 所示。

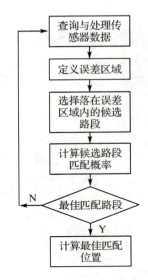

图 4.4 地图匹配的一般过程

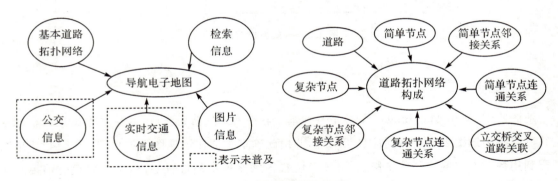

图 4.5 地图终端操作系统

地图匹配方法只需要 GPS 接收机和数字地图库,成本较低;但存在当 GPS 信号丢失时系统无法工作的致命弱点,系统的可靠性较差。为解决这个问题,引入了航位推算系统。当 GPS 信号丢失时,航位推算系统可继续工作,使系统的可靠性得到提高。在航位推算导航中加入地图子滤波器,通过对子滤波器的故障检测结果来判断地图匹配的正确与否,并利用正确的匹配结果对其误差进行补偿。地图匹配与航位推算比较如图 4.6 所示。

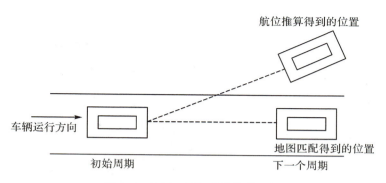

图 4.6　地图匹配与航位推算比较

上述方法对地图匹配的实时性和准确性要求较高。当地图匹配发生错误时,如何对故障做出正确的诊断并及时隔离故障是保证定位精度和可靠性的关键。

三、人机接口模块

人机接口是负责向用户提供与车载计算机交互手段的模块。关于这个模块的研究常见于人机工程学或有关人的因素工程的相关文献中。人机工程学的研究者们主要研究有关人的行为、能力、极限和其他特性并将之用于工具、机器、系统、任务、工作和环境设计中,目标是提高生产力和安全性,保证人类使用的舒适性和有效性。为了建立一个成功的人机界面,必须按照一个特定的过程来考虑问题。这包括明确需求,确定需支持的功能,界面类型规范,控制和显示形式的选择和最后设计及实施这个界面。这里主要讨论在车辆定位导航系统中经常使用的各种控制设备和显示技术,这些控制设备和显示技术形成了人机界面模块中的各个部分。

每个界面都需要一些控制器件,表 4.1 列举了一些这类器件,并配有评价分数和推荐的使用途径。虽然某些器件具有相同的分数,但这些分数是由不同的指标组合而成的。选择的关键是要了解各种器件的优缺点,知道何时可使用,在满足安全性的前提下达到最高的系统性能。评价分数是基于下列标准得出的:(1)振动条件下的可用度;(2)来自多个位置的使用度;(3)空间需求;(4)在期望的温度范围内的可操作性;(5)噪声下的可用度;(6)对灰尘、油污等的敏感度;(7)操作的方便性。

其中,振动条件意味着正常使用车辆在公路上驾驶时的车内状况,而期望的温度范围约为 40~50 ℃。

表 4.1　各种控制器件性能列表

控制器件	分数	推荐用途
脚踩开关	6	当双手不空时可被使用
回中操作杆	6	对每次应用后需回中心的操作

续表

控制器件	分数	推荐用途
等分操纵杆	6	控制不同的显示功能
关键字开关	6	防止误操作并支持 on/off 功能
键盘	4	车辆停止时使用
旋钮（连续）	5	使用在需精确调节变量的地方
Legend 开关	6	空间有限时显示定性信息或其它类型信息
光笔	2	车辆停止时可用于非关键性输入
手推开关	5/6	支持简单的两状态操作
转动开关	6	作为对乒乓开关的替代
旋转选择开关	6	当 3 个或以上的状态被需要时
滑动开关	6	使用两个或以上的离散位置
乒乓开关	6	适用两个离散位置且空间限制严格
接触开关	5	易用且目标不需要文字输入
语音识别	6	用户手或眼均不空时

第二节　车辆导航系统

一、车辆导航系统关键模块

近年来，在信息革命和信息化过程中，各种先进的管理思想、控制方法和实践技术逐渐成熟与完善，人们对于交通系统及其内在规律性的理解更加全面。在这种背景下，智能交通系统（Intelligent Transportation System，ITS）应运而生。智能交通系统是将先进的科学技术（信息技术、计算机技术、数据通信技术、传感器技术、控制技术、运筹学、人工智能等）有效地综合运用于交通运输、服务控制和车辆制造，加强车辆、道路、使用者三者之间的联系，从而形成一种保障安全、提高效率、改善环境、节约能源的综合运输系统。ITS 研究的范围十分广泛，内容丰富，使用的技术和手段多样。但其中，最关键的组成莫过于智能车辆定位导航系统。智能车辆定位导航系统（Intelligent Vehicle Location and Navigation System，IVLNS）是集成应用了自动车辆定位技术、地理信息系统与数据库技术、计算机技术、多媒体技术和现代通信技术的高科技综合系统。

智能车辆定位导航系统的主要模块如下。

1. 自动车辆定位模块

定位模块(Position Module)由定位传感器和数据处理以及滤波电路组成,提供实时连续的车辆位置估计。可在出行时准确、实时地确定出车辆当前的位置,并以图形化方式显示在电子地图背景中。

目前,使用的主要定位技术有三种,即独立计量技术、卫星定位技术和无线测量技术。航位推算是一种典型的独立计量技术,而最普通的卫星定位技术就是给车辆配备一个GPS接收器。航位推算与GPS技术是目前车辆定位和导航系统中最广泛应用的技术,而无线测量技术的应用则不那么普通。定位技术间的性能比较如表4.2所示。

表4.2　定位技术间的性能比较

技术	性能
航位推算(DR)	差(长时段差,短时段优)
无线电测量	一般(150～200 m,可以改善)
GPS定位	较好(100～300 m,SA,无荫蔽)
DR+地图匹配(MM)	较好(20～50 m,无损耗情况)
差分全球定位系统	好(10～20 m,无荫蔽情况)
GPS+DR+MM	更好(15～50 m,连续)
DGPS+DR+MM	最好(10～15 m,连续)

2. 路径规划模块

可依据驾驶员提供起点、终点和途经点,自动规划出旅行代价最少的最佳行驶路线。如图4.7所示。动态路径规划技术主要涉及三方面,即:最优路径规划,交通信息的采集、处理和发布,道路交通状态的预测。

最优路径规划的研究主要集中在实时动态导航方面。由于车载导航系统的存储量不可能很大,而时效性要求高,因此路径算法的精度与其存储量及计算时间之间必须综合平衡。目前对路径算法的探讨包括从数据结构方面的改进,如双向搜索、分层搜索、K-最短路径、神经网络、遗传算法等,以提高路径规划的精度和实时性。

交通信息采集(图4.8)、处理与发布技术能够自动完成对交通信息的采集、处理与实时发布。实时交通信息除包括城市道路拥堵情况外,还应该包含整个全国公路网交通状况、维修情况、路面情况等,这才能为客货运输、交通出行带来很大方便。目前,交通信息的取得大多依赖于道路上的交通流检测设备,如环形感应线圈、雷达、视频、牌照识别、红外传感器和浮动车辆等。

图 4.7　路径规划

图 4.8　交通信息采集

交通信息是时刻无规律变化的,只有实时的交通信息有时并不能满足交通出行者的信息需求。因此,迫切需要一个可以根据历史数据,结合当前交通状况,实时预测道路将来某段时间的交通状况的系统。目前,此方面的研究成效并不显著。建立正确合理的道路交通状况预测模型是交通状态预测问题的关键。目前国际上关于交通流建模的方法很多,但没有一个公认的比较理想的模型。

3. 路径引导模块

可在出行过程中产生语音或图形方式的实时引导指令,使驾驶员沿预定行车路线顺利抵达目的地。引导模块与其他模块的关系如图 4.9 所示。

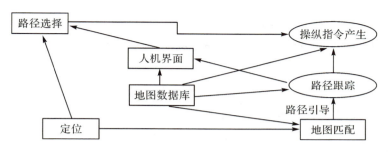

图 4.9　引导模块与其他模块的关系

4.综合信息服务

可向用户提供与电子地图有关的信息检索与查询服务,如按用户要求显示停车场、主要旅游景点、宾馆等服务设施的位置的数据资料,并在电子地图中指示其所处的位置。如图 4.10 所示。

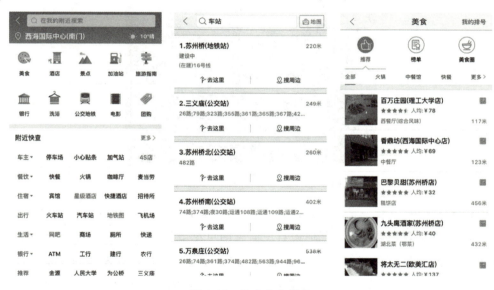

图 4.10　综合信息服务

5.移动通信功能

可接收实时交通信息广播,使用户及时掌握最新的道路状况;同时还可将车辆状况报告给交通控制中心,实现报警、求助和通信功能。

二、北斗卫星导航系统

1994 年北斗卫星导航系统工程正式立项。2000 年 10 月,我国发射了第一颗北斗卫星,同年 12 月发射了第二颗。2003 年 5 月,我国在西昌将第三颗"北斗一号"送入太空。这颗卫星与前两颗一起构成了我国完整的卫星导航定位系统,即北斗卫星导航系统,如图 4.11 所示。

北斗系统的成功建成,填补了我国星基导航定位领域的空白,使我国成为继美国GPS和俄罗斯GLONASS后,世界上第三个建立成熟卫星导航系统的国家。该系统的建立,将对我国国防现代化和国民经济建设有着重要的作用。

2020年6月23日,我国成功发射了北斗三号全球卫星导航系统(简称:北斗三号系统)的收官卫星,北斗系统全面完成全球星座部署。

北斗卫星导航系统采用了三种轨道卫星组成了混合星座:地球静止轨道GEO卫星、倾斜地球同步轨道IGSO卫星和中圆地球轨道MEO卫星。

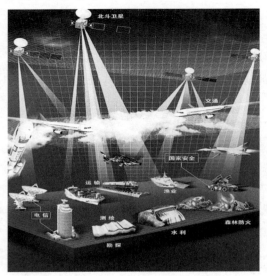

图4.11 北斗卫星导航系统示意图

北斗三号系统由30颗卫星组网。在30颗组网卫星中有24颗MEO卫星是北斗三号系统的核心星座,确保全球均匀覆盖。任何地点任何时间可见卫星数不少于4颗,正是这样的星座构型,才能解算用户接收机三维位置和钟差共四个参数,实现定位导航授时功能。还有3颗GEO卫星,运行地球静止轨道,星下点保持不变,主要向亚太大部分地区提供大容量短报文通信、星基增强、精密单点定位等特色服务。以及3颗IGSO卫星,运行在倾斜地球同步轨道,星下点画"8"字轨迹,可有效增加亚太地区卫星可见数,为亚太地区提供更加优质的定位导航授时服务。

北斗三号的短报文通信能力显著提升,信息发送能力从一次120汉字提升到一次1200汉字,突发情况时无须字斟句酌,足以将情节一次性说清楚,还可发送图片等信息,应用场景更为丰富。北斗三号系统在全球范围内定位精度优于5米。

北斗导航定位系统可广泛应用于船舶运输、公路交通、铁路运输、海上作业、渔业生产、水文测报、森林防火、环境监测等众多行业,以及军队、公安、海关等其他有特殊指挥调度要求的单位。

第三节　车载导航与移动通信技术

一、"车联网"与移动通信的结合

车联网系统,是指利用先进传感技术、网络技术、计算技术、控制技术、智能技术,对道路和交通进行全面感知,实现多个系统间大范围、大容量数据的交互,对每一辆汽车进行交通全程控制,对每一条道路进行交通全时空控制,以提供交通效率和交通安全为主的网络与应用。车联网系统的特点:

(1)智能化。深入研究客车运营商的长期运营管理的实践经验,并将其最佳实践经验凝结成该系统的重要功能理念支柱。

(2)电子化。随着电喷发动机的广泛应用,以及客车车内 CAN 总线的使用,客车电子技术的发展异常迅猛。

(3)信息化。5G 无线通信网络技术时代为信息的即时交互和传递提供了可能。同时,运用信息技术对海量的数据进行挖掘、采集和梳理也已经成为主流,这是该系统创新应用信息技术的一大亮点。

车联网通过应用成熟的总线技术建立一个标准化的整车网络,实现电器间控制信号及状态信息在整车网络上的传递,实现车载电器的控制、状态监控以及故障诊断等功能,从而实现车内网信息的传输。同时,车外网信息的传输是通过无线技术把车载终端与外部网络连接起来,实现车辆间、车辆和固定基础站之间的信息交换。

车联网为车辆提供无处不在的网络接入,实时安全消息、多媒体业务、辅助控制等。因此车联网需要一种专有的通信架构和协议,将不同底层的数据进行整合,实现信息交互,确保数据传输的实时性、完备性和安全性。

车联网的关键技术包括:

(1)传感器技术及传感信息整合。"车联网是车、路、人之间的网络",车联网中的传感技术应用主要是车的传感器网络和路的传感器网络(图 4.12)。车的传感器网络分为车内传感器网络和车外传感器网络。车内传感器网络是提供关于车的状况信息的网络,比如远程诊断就需要这些状况信息,以供分析判断车的状况;车外传感器网络就是用来感应车外环境状况的传感器网络,比如防碰撞的传感器信息、感应外部环境的摄像头。路的传感器网络指那些铺设在路上和路边的传感器构成的网络,这些传感器用于感知和传递路的状况信息,如车流量、车速、路口拥堵情况等,这些信息都能让车载系统获得关于道路及交通环境的信息。整合传感网络信息,将是"车联网"重要的技术发展内容,也是极具特色的技术发展内容。

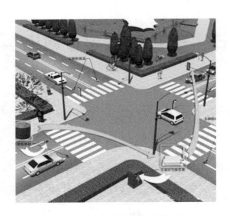

图 4.12 车联网信息传递

(2) 开放的、智能的车载终端系统平台。当前,很多车载导航娱乐终端并不适合"车联网"的发展,其核心原因是采用了非开放的、非智能的终端系统平台。基于不开放、不够智能的终端系统平台是很难被打造成网络生态系统的。这方面可以参看智能手机领域:开发者基于 IOS 和 Android 终端操作系统构建了几百万款应用,这些应用为这两个手机网络生态系统创造了核心价值。而这一切都是因为开发者可以基于这样的系统开发应用。

(3) 语音识别技术。无论多好的触摸体验,对驾车者来说,行车过程中触摸操作终端系统都是不安全的,因此语音识别技术显得尤为重要,它将是车联网发展的助推器。成熟的语音技术能够让司机通过嘴巴来对车联网发号施令索取服务,能够用耳朵来接收车联网提供的服务,这是最适合车,这个快速移动空间的应用体验的。成熟的语音识别技术依赖于强大的语料库及运算能力,因此车载语音技术的发展本身就得依赖于网络,因为车载终端的存储能力和运算能力都无法解决好非固定命令的语音识别技术,而必须要采用基于服务端技术的"云识别"技术。

(4) 服务端计算与服务整合技术。应用和服务的提供需要采用服务端计算、云计算的技术。云计算将在车联网中用于分析计算路况、大规模车辆路径规划、智能交通调度、基于庞大案例的车辆诊断计算等。车联网和互联网、移动互联网一样都得采用服务整合来实现服务创新、提供增值服务。通过服务整合,可以使车载终端获得更合适更有价值的服务,如呼叫中心服务与车险业务整合、远程诊断与现场服务预约整合、位置服务与商家服务整合等等。

(5) 通信及其应用技术。车联网主要依赖两方面的通信技术:短距离无线通信和远距离的移动通信技术。前者主要是射频识别技术(Radio Frequency Identification,RFID)及类似 Wi-Fi 等 2.4G 通信技术,后者主要是通用分组无线服务(General Packet Radio Service,GPRS)、3G、4G、5G 等移动通信技术。这两类通信技术不是车联网的独有技术,因此技术发展重点主要是这些通信技术的应用,包括高速公路及停车场自动缴费、无线设备互联等短距离无线通信应用及网络电话应用(车友在线、车队领航等)、监控调度数据包传输、视频监控等移动通信技术应用。

（6）互联网技术。车联网的本质就是整合车、路、人各种信息与服务并与互联网融合，能够获取车联网提供的信息和服务的不仅仅是车载终端，而是所有能够访问互联网及移动互联网的终端，因此电脑、手机也是车联网的终端。当然，车联网与现有通用互联网、移动互联网相比，其有两个关键特性：一是与车和路相关，二是把位置信息作为关键元素。围绕这两个关键特性发展车联网的特色互联网应用，将给车联网带来更加广泛的用户及服务提供者。

二、移动信息在车辆导航中的应用

3 G 技术的发展为车辆之间的通信提供了一种较为廉价和高效的通信和导航方式，但当前我国的 3 G 标准不统一，且传输速率不稳定，难以满足车辆信息传递的多维度和导航的实时性要求。与 3 G 技术不同，4 G 通信采用的核心技术为正交多任务分频技术，可以实现 100 Mbps 的下行速率与 20 Mbps 的上行速率，并可以实现如无线区域环路、数字信号广播（Digital Audio Broadcasting，DAB）等方面的无线通信增值服务，且 4 G 通信技术具有高速率、高带宽、低延迟的特点。正是因为 4 G 通信技术具有这样的优势与特性，使得 4 G 网络与卫星网、光纤网等通信网络融合在一起，在文教、卫生、交通等多个领域得到应用。基于 4 G 通信技术的导航信息系统，正是发挥了 4 G 通信技术独有的优势，不仅能够结合 GPS 系统，提供基本的位置、速度、路线等基本服务，还能够提供视频、组播通信、数字地图等高级功能；不仅能够实现车辆的高速、低延迟通信，还能够实现车辆的实时通信，较之以往使用的信息导航系统，大大提高了信息的准确性、实时性和功能性。

目前，无线车载监控主要依据 3 G 运营商来进行传输，但 3 G 网络在实现高清监控时具有其本身的局限性，而 4 G 网络却很好地解决了上述问题。据目前试点来看，4 G 网络的速度是 3 G 网络的 10 倍，可很好地满足高清监控对无线带宽的需求。

通过 4 G 网络，用户不但可以实时察看监控录像，任意选择调取过去某时间段的录像，进行历史回放查看；还可根据自己的需求接入多种报警装置，便于及时查看现场，处理突发事件；并可根据自己的需求在电脑终端上远程布防、设防，调控摄像机角度，选择单画面/多画面任意切换观看。在互联网监控平台下，也可以通过手机形成一个小型的监控指挥中心。

车载监控系统可实现对超载、超速等行为实时了解并记录，对车辆偷抢等突发事件实时报警等，可提高车辆安全和乘客满意度。车辆上装设视频系统进行实时监控，通过 GPS 全球定位系统准确对车辆行驶路线进行跟踪记录，并即时上报监控中心。车上发生意外和警情时，司机和乘客可启动报警按钮即时上报监控中心处理。

车载监控系统在车辆上安装车载终端主机、车载摄像机、4 G 传输设备等，对车内外情况进行实时监控，监控指挥中心对前端获取的实时数据进行分析。监控系统总拓扑图如图 4.13 所示。

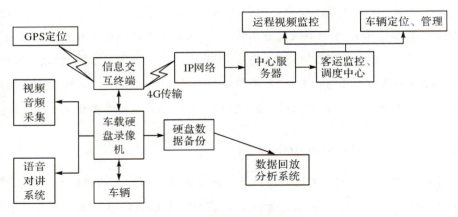

图 4.13 监控系统总拓扑图

三、公交车载监控终端

车载监控终端是安装在车载上集数字硬盘录像、车载行驶状态记录、GPS卫星定位导航、CDMA/GPRS无线数据传输、双向语音对讲、车载娱乐于一体的终端设备,包括本地监控/录像/远程管理、GPS卫星信号接收模块、GPRS/CDMA 1X无线通信模块、中心处理单元、调度屏、报警装置等。车载监控终端具有如下功能:

(1)实现车内外音/视频同步实时监控/录像。在营运车辆内安装2~4个摄像头和拾音头可对整个车辆音/视频的状况进行实时监控和录像(图4.14)。一方面监控司机的驾驶行为,可时时提醒司机安全驾驶,同时监看车前车后路况,有效避免车辆转弯、刹车、停车时可能发生的追尾、碰撞等事件。当发生交通事故时可以提供交通事故处理的依据。另一方面对于在公交营运车辆上进行违法犯罪行为的不法人员会产生很有效的震慑作用。防范杜绝不法分子作案。

(2)实现汽车行驶状态记录(黑匣子)。汽车黑匣子可以记录多种数据并在发生事故时用来判断事故原因。它不仅可以记录一段时间内的车辆行驶记录、事故前后一段时间的速度和陀螺传感器的车轨数据、转弯角度等,而且也可以记录刹车、离合器、发动机、开关车灯等记录。黑匣子的作用如下:发生事故时可以提供准确的证据,尤其是可以解决没有目击证人时可能发生的纠纷,当发生事故时,从汽车黑匣子收集证据资料,即使没有目击证人也可以重现发生事故状态。通过分析零件质量提供可提高行车安全的基础数据。黑匣子通过记录各种行驶和操作数据,发现机车的重大缺陷,从而做到防患于未然。通过事故分析发现交通系统存在的问题和提供改善交通环境的数据,不仅可以提供事故前后的各种数据,而且可以通过记录查看平常是否紧急加速、是否急刹车等行驶数据,以此分析并改善不良驾驶习惯,起到预防事故作用。

(3)实现GPS定位导航及无线传输功能。在车载设备中接入GPS模块,即全球卫星定位系统的定位技术结合无线通信技术(GPRS或CDMA)、地理信息系统(GIS)等高新技术,实现对车辆的监控;经过 GPRS 或 CDMA 网络的数字通道,将定位信号和视频信号输送到车辆监控调度中心;监控调度中心通过差分技术换算位置信息,然后通过 GIS 将位置信号用地图语言显示出来;最终可通过服务中心实现车辆的定位导航、服务救援、远程监控、轨迹记录等功能。不仅如此,发生事故时车辆可以通过无线网络发出求救信号,向信息中心自动报警,及时为事故中受伤人员提供急救措施。在使用车载录像监看车内外情况和 GPS 定位导航外,利用 GPRS、CDMA 等无线网络技术实现信息和图像的传输,将车上的图像信息通过 GPRS 或 CDMA 传输到监控中心,实现公交运行的远程监控。

（4）实现报警输入/输出功能。具有报警输入接口,可以连接任何常规的报警设备。当有报警发生时,报警信息即被远传到监控中心,在监控中心的 GIS 地图上该车辆对应的图标会不停闪烁。当监控人员用鼠标指向该车辆对应的图标,该车辆的信息（如车牌号、行车路线等）和司机信息（如姓名、年龄、驾龄等）会自动显示出来,与该车辆对应的视频信号会通过 GPRS 或 CDMA 传输到监控中心,监控人员可以立即对该车辆进行远程监控。结合 GPS 和电子地图,警方可以立即了解到该车辆的位置,据此迅速出警。

（5）实现广告插播、车载娱乐。在车载设备中整合车载娱乐和广告功能,为乘客提供影视音乐播放的同时,也为营运公司增加一项额外的收入。

图 4.14　车载录像监控终端

复习思考题

1. 什么是车载导航系统？
2. 简述地图匹配的一般过程。
3. 车载导航系统的关键模块有哪些？
4. 简述北斗导航系统的优势。
5. 什么是车辆网系统？
6. 简述车载监控终端的主要功能。

第五章 交通信息服务系统

第一节 先进的出行者信息系统的体系结构和服务内容

一、先进的出行者信息系统概述及组成

(一)概述

先进的出行者的信息系统(Advanced Traveler Information System,ATIS)的定义为"收集相关的交通信息,分析、传递、提供信息,从而在从起点到终点的出行过程中,向路面运行中的出行者提供帮助,使整个出行过程舒适、方便、高效"。运用先进的通信技术、信息技术,在各种场合以多种方式向出行者提供高质量的实时的交通信息服务。

ATIS 是以个体出行者为服务对象的综合交通信息系统,通过出行者与交通信息中心的双向信息传递从而建议或约束出行者的出行行为,达到减少延误、缓解交通拥挤的作用。ATIS 的工作原理如图 5.1 所示:

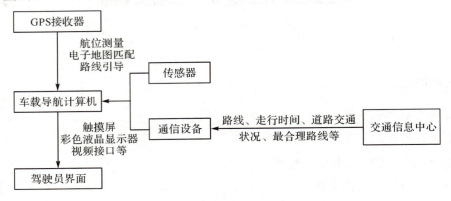

图 5.1 ATIS 工作原理

(二)系统组成

ATIS 基本组成可以分为以下三个部分。

第五章　交通信息服务系统

1.车辆导航辅助系统

该系统主要由接收机、汽车状态传感器、计算机和无线数据传输设备组成。接收机输出信号,提供车辆的位置、速度、方向信息;计算机采集汽车状态信息,并显示在电子地图上,电子地图带有信息中心提供的道路状况信息。此外,计算机还需要收集车辆运行参数,通过无线通信设备将采集的路况信息、车辆信息发送到信息中心。

2.交通信息中心

从 ATIS 工作原理图可知,交通信息中心的主要任务是进行数据的采集和处理,包括路段走行时间,道路交通状况,以及最合理的走行路线等。其基本的数据处理功能包括如下:

第一,为满足不同用户各自的出行信息需求,构造相应的交通信息数据库,如公共交通信息,停车场信息,实时道路信息等。

第二,根据实时交通状况,在一定时间间隔内,对交通运输信息数据库进行更新,使其及时有效。

第三,产生并定时更新路段通行时间数据库。通过采集车辆运行状况,将新的路段通行时间发送到中心,以便及时更新异常交通状况。

第四,分析比较道路当前和历史的行驶资料,提供车辆的估计最佳通行时间。通过比较道路当前和历史交通状况,分析交通拥挤的持续时间及交通流的变化,预测各路段通行能力的变化规律及交通需求的转变。从而为不同路段的行驶车辆提供最佳选择路径,并定时对这一过程进行更新。

第五,进行事故调查工作,分析事故发生的原因及路段出现的特殊状况,并将这些信息通知出行者,防止可能出现的事故。

3.通信设备

通信设备已成为新一代导航系统发展的关键因素,通过通信方式将交通信息有效传递给车辆,车辆就能结合自身出行目的和出行偏好来选择出发时刻、出行路径、出行方式或者中途改变出行路径,避开拥挤路段。

无线数据广播系统(Radio Data System - Traffic Message Channel,RDS - TMC)由 11 个欧洲国家共同设计,相关的交通信息发送至 RDS - TMC 接收器,该接收器可将事件发生的情况、时间和地点等信息进行数字传输。RDS 给驾驶员传递精确的、与行车有关的最新信息,同时不干扰正常的无线电广播。该电码是统一根据欧洲标准来编制的,因此传输的交通信息能被大家共同使用,这使得旅游者能够接收到当地的交通信息。在任何时候,系统都拥有 $200\sim300$ 个相关信息,所有的信息免费向公众提供服务。RDS - TMC 是欧共体国家广泛使用的通信系统。

数字广播(Digital Audio Broadcast,DAB),目前无线电广播已进入数字化时代,即使在山区或高楼中,信号也能被接收到。这些字节即使在有干扰的情况也能被识别,它能被分解成多种不同的频率,如同穿越一个个时间间隔。在短时间失去信号的情况下,接收机仍能恢复原有信号。这个子系统叫作号码正交频率分配多路传输(Coded Orthogonal Frequency Division Multiplex, COFDM)。COFDM 允许在全国各个无线电站点使用一个频率,这就避免了正在行驶的车辆接收机进行反馈的必要性。DAB 的频率是多路传输的,这就意味着能同时提供多种服务,以便发送更多的信息。DAB 可通过 DAB 和互联网向 ITS 系统提供信息,它的信息准确度将控制在 2 m 的范围内,这些都可通过 RDS-TMC 的数据库来实现。这些质量和数量都提高了的信息在某种程度上更容易让用户接收到。例如一个大范围地区的天气情况,一些诸如有多少车辆阻塞道路的交通信息。此外火车晚点、汽油税和高速公路通行税价格、与目的地有关的信息等信息都将免费提供给导航系统及其用户。

数字化广播电视系统(Digital Video Broadcasting, DVB)中的地面数字电视广播,是欧洲通用的地面数字电视标准。

全球移动电信系统(Universal Mobile Telecommunication System, UMTS)是全新的第三代移动通信系统,提供付费低廉而效率高的移动通信服务。

(三)系统功能及采集子系统

通过通信设备和显示手段向出行者提供实时准确的动态道路交通信息和静态道路交通信息,使出行者在出发前可以进行路径选择。出行者可以根据提供的静态交通信息,如停车场信息,交通管制信息等来选择出行方式、换乘方式等,也可以在出行途中进行路径变更。从而使得出行者能更合理地规划出行方式,避开交通拥挤路段,选择最优路径,提高出行效率和质量。

ATIS 应具有的主要功能(图 5.2)如下:

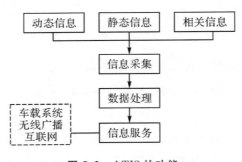

图 5.2 ATIS 的功能

1. 通信功能

通信设备是 ATIS 的组成部分之一,通信功能是 ATIS 必不可少的功能。交通信息的传递、交流和反馈均离不开通信设备。可利用各种通信方式来进行信息的传播,有线通讯有光纤通信、局域网通信等,无线通信有射频通信、微波通信、红外线通信、蜂窝移动通信等。

2.信息采集功能

通过各种方式采集交通信息,如固定型采集技术、移动型采集技术、动态交通信息采集技术等。所采集的交通信息包括动态信息、静态信息及相关基础设施信息等。

3.信息处理功能

信息(数据)处理包括数据转换、信息编码以及涉及信息传输的各种信息处理技术。

4.信息服务功能

ATIS通过采集交通信息,处理交通数据,其最终目的是向出行者提供有效的信息服务,一个完善的交通信息系统应提供如下信息服务:

(1)出行前的交通信息。出行者通过获取出行前的交通信息,在出发前即对出行行为进行规划,包括结合自身的出行目的来选择合理的出发时刻、最佳出行路径、合理的出行方式及相关换乘方式等。

(2)与目的地相关的信息。与目的地相关的信息包括沿途及目的地的基础设施信息,例如加油站、汽车修理厂、餐饮娱乐、急救中心,以及停车条件、天气状况等基本信息。此类信息可以帮助出行者合理选择出发时刻和出行方式。

(3)公共交通信息。公共交通是缓解城市交通拥挤的一个有效手段,也是人们出行的一个重要方式。公共交通信息包括为出行者提供出行路线信息,包括停靠站点、收费价格以及与目的地相关的换乘信息。

(4)实时交通信息。出行者根据出行途中获得的实时交通信息,及时调整出发前选择的路径,能避免由于路网不确定因素带来的交通拥挤和延误。这类信息包括:道路信息、事故信息、交通流信息、最短出行时间估计等。

(5)路线导航信息。交通信息中心根据采集到的交通信息,进行数据处理信息编码、数据转换等,通过交通分配系统最优、用户最优原则或随机交通分配等技术后,为出行者提供最佳出行路径选择,从而改善交通状况。

其中ATIS采集的信息主要是与车辆运行、道路状况、管理设施及其他服务设施相关的信息。按照其基本内容可以分为静态交通信息、动态交通信息、其他相关信息三大类。

(1)静态交通信息。静态交通信息主要包括城市基础地理信息(如路网分布、功能小区的划分、交叉口的布局、城市基础交通设施信息等),城市道路网基础信息(如道路技术等级、长度、收费、立交连接方式等),车辆保有量信息(如不同区域、时间、车种车辆保有量信息等),及交通管理信息(如单向行驶禁止左转、限制进入等)。

(2)动态交通信息。动态交通信息主要是指在时间上和空间上不断发生变化的信息,在交通管理过程中随交通管理对象的变化而变化的一些信息,主要包括出行分布、路段与路口的车流量、车道占有率、车速拥堵分布及程度、路况视频信息、交通事故信息和GPS巡逻警车信息等动态信息。动态交通信息包括规律性信息或突发性信息,规律性信息指特定条件下规律变化的动态信息流,如交通要道早、中、晚的流量信息等。突发性信息指交通管理信息、可检测的但不可预期的交通事件,如交通事故、交通流量的非规律性变化等。

(3)其他相关信息。其他相关信息主要包括出行途中及目的地的基础设施信息,例如加油站、汽车修理厂、饭店、急救中心、停车场等的位置和营业时间,以及天气状况等基本信息。此类信息可以帮助出行者合理选择出发时刻和出行方式。

交通信息的分类及其主要内容如表5.1所示:

表 5.1 信息基本内容分类

类别	基本内容
静态信息	路网分布、收费价格、里程、交通管制、通行能力、事故多发时段和路段等
动态信息	车流量、突发事件、交通控制信号、动态诱导信息、运行速度等
相关信息	停车场、气象信息、环境信息、旅游信息、服务信息等

二、先进的出行者信息系统的服务内容

(一)出行者信息服务需求

出行者信息服务需求可以作为出行者信息系统的服务内容的参考依据,包括信息内容、结构、形式,提高交通信息服务水平,适应经济社会发展的需要。

按出行者对相关信息的需求强度,服务内容依次为阴晴雨雪等状况(天气情况),车辆拥堵程度(路况信息),路面湿滑程度(路况信息),前方交通事故信息(路线选择信息),加油站、公厕位置(相关配套设施信息)。

在出行前公众关注的信息比较广泛,路况信息、天气信息和路线选择信息都受到了相当关注,而在出行中公众几乎都集中在对路况信息的特别关注上。

在公众出行前获取信息的途径中,交通广播具有很明显的优势。

在公众出行中获取信息的途径中,普遍交通广播、路侧通信广播,可变电子显示屏和静态指示牌分列前三位。

获取信息途径中,公众最愿意采用的前三种依次为普通交通广播、路侧通信广播,短信平台、声讯,车载接受设备。

(二)信息服务的内容

ATIS采用单元式模块化建设,各个城市各自建立城市信息模块,然后组织连接成区域性系统。出行者信息系统可以为出行者提供出行前信息服务、行驶中驾驶员信息服务、公共交通信息服务、个性化信息服务、路线引导与导航服务等主要功能。

第五章　交通信息服务系统　　65

1.出行前信息服务

利用先进的通信、电子、多媒体、计算机网络等技术,使出行者在出行前可通过多种媒体,在任意出行生成地访问出行前信息服务系统,以获取出行路径、方式、时间、当前道路交通系统及公共交通系统等相关信息,为规划出行提供决策支持。

2.行驶中驾驶员信息服务

通过视频或音频向驾驶员提供关于出行选择及车辆运行状态的精确信息以及道路情况信息和警告信息,向不熟悉地形的驾驶员提供导向功能。

3.公共交通信息服务

利用先进的电子、通信、多媒体和网络技术,使已经开始的出行公共用户在路边、公交车站或公交车辆上,通过多种方式获取实时公交出行服务信息,以便乘客在出行中能够对其出行路线、方式和时间进行选择和修正。其针对的用户主体为乘客。

4.个性化信息服务

通过多种媒体以及个人便携装置接收个性化信息和访问个性化信息服务系统,以获取与出行有关的服务及设施的信息,此类信息包括餐饮服务、停车场、汽车修理厂、医院、警察局等的地址、营业或办公时间等。

5.路线引导与导航服务

这是出行者信息系统提供的比较高级的服务。它利用先进的信息采集、处理和发布技术为驾驶员提供实时交通信息,引导其行驶在最佳路径上,以减少车辆在路网中的滞留时间,从而达到缓解交通压力,减少交通阻塞和延误的目的。

第二节　先进的出行者信息系统关键技术与应用

一、先进的出行者信息系统关键技术

(一)ATIS的技术进步

传统的出行者信息系统通过道路交通标志与标线、交通广播电台、电视报刊等形式为出行者提供信息。这些信息通常是静态的,虽然也有部分动态信息(如电台提供的道路交通信息、电视台发布的交通事故信息等),但系统性和实时性较差。先进的出行者信息系统(ATIS)运用先进的信息技术和通信技术,可以在多种场合、以多种方式向出行者提供质量高、实时性好的交通信息服务。

(1)信息发布手段的视觉化。ATIS除了利用无线电广播、电话咨询等技术发布语音交通信息外,还普遍运用 Internet 网页、交换电视、车载单元显示屏和可变信息板(Variable Message Signs,VMS)来发布信息。

(2)无线电广播技术的更新。将交通信息传递给出行者的最一般方法是使用无线电广播。随着可得信息量的大幅度增加和对信息实时性要求的提高,以往的无线电广播技术已无法满足需要,因此,在 ATIS 中采用了更先进的无线电广播技术。

(3)双向通信技术的广泛应用。在传统的出行者信息系统中,主要由交通信息中心采用单向通信的方式(广播、电视、VMS 等)为出行者提供信息。由于没有信息反馈,因而所提供的信息没有个性化特点。在 ATIS 中,由于越来越多地采用了双向通信技术,交通信息中心不仅向出行者发布交通信息,也从出行者那里获得交通运行状况信息。出行者不仅能获得面向大众的交通信息,而且能获得所需要的特殊信息并提出特殊的服务要求。

(4)信息的实时性不断提高。随着信息采集、处理、传输、发布技术的不断进步,ATIS 提供的信息的实时程度越来越高。

(5)信息的复杂程度日益增强。随着 GPS、GIS 和移动通信等技术的广泛应用,ATIS 提供的信息越来越复杂,对交通系统产生的影响也越来越大。如电子地图的使用使 ATIS 提供的信息更加丰富、清晰和准确;路线诱导系统的路线选择不再仅仅以路网结构数据和历史交通数据为依据,而是更多地依据路网最新的和预测的交通信息,使网络交通流的整体优化成为可能。

(二)ATIS 采用的关键技术

1.交通信息采集与融合技术

信息融合是二十世纪新兴的一门技术,是研究如何加工、协同利用多源信息,并使不同形式的信息相互补充,以获得对同一事务或目标的更客观、更本质认识的信息综合处理技术。

信息融合技术具有如下的优势:①能够充分针对多个数据源的数据进行适当的数据分析,根据问题的应用背景得出较单一数据源所没有的和准确的结果,供决策分析者使用。②充分利用了各个单一数据源所采集的数据,提高了数据的利用率和现有硬件的使用率。③能够对缺乏传感器和传感器失灵的节点进行信息的弥补,提高了系统的鲁棒性。④符合系统"高内聚,低耦合"的特点,使整个系统的稳定性和拓展性提高。

随着信息采集技术的不断发展和交通信息管理需求的不断增加,交通信息经历了从静态到动态、从简单到复杂的历程。从各种采集设备及人工信息采集渠道获得的大量的交通信息不论在精确度、详细程度,以及采集格式、采集方式、处理难易程度等多方面都存在着很大的差异。传统的采集系统未能很好地利用这些数据以获取有利于交通决策的信息,不够智能化。为了能够及时准确地利用这些原始信息,必须要对这些信息进行处理和融合,以反映实时的交通状况。

交通信息采集与融合技术可以收集实时交通数据、实时响应交通流量变化,预测交通堵塞、检测并传送交通事故或给出交通诱导信息。

2. 交通信息发布技术

信息发布的技术是多样的，出行者所处的位置和环境也是变化的。要让出行者最方便地了解交通信息，就要根据其所在的场景，及时提供所需要的信息。实时交通信息的发布涉及信息的采集、处理、编码、管理以及传送。广泛利用互联网、广电、固定通信、移动通信系统等多种媒体发布手段，实现在手机、电话、车载终端、计算机等设备上的多媒体发布。

3. 异构系统集成技术

异构系统集成技术首先必须要解决策略和安全问题。系统的各个参与节点需要公用的协议去执行预先制订的关于资源共享的规则和策略。

4. 路径规划技术

最优路径规划技术是车载导航系统中的核心技术之一。基于实时交通信息的动态路径规划技术，将交通信息数据与实时通信有机结合，以动态交通地理信息（如路网中的动态交通分配信息、交通事件信息等）为主，以物理上的道路距离为辅设计动态交通路网模型，主要以旅行时间最少作为规划准则的一种路径规划方法。它可以为驾驶者不断地根据选定路线上的交通信息，动态地规划最优路径，从而为驾驶者出行带来极大的方便。

二、先进的出行者信息系统技术应用

我国的AITS信息服务还处于起步发展阶段，出行者信息系统（图5.3）技术在省一级和几个大城市得到了很好的应用。下面以某市公众出行交通信息服务系统为例介绍出行者信息系统技术的实际应用。该市在公共汽车、地铁、长途客运、出租车，以及高速公路运营管理等交通领域的信息化和智能化步伐已经迈出，并呈现出加速发展的良好态势。

图5.3　出行者信息服务系统

在这些领域中先后建成并应用的系统主要有：公交运营指挥调度系统、公交网站、公交服务热线、电子站牌和车内滚动显示屏、地铁运营指挥调度系统、高速公路监控中心、省际客运联网售票系统、出租车GPS卫星定位系统等。

(一)智能交通应用系统建设目标

信息服务方面：建立主要客运交通方式的信息服务系统；整合各交通方式信息服务，建立综合交通信息服务系统；整合交管部门路况信息，实现动态导航信息服务。

客运生产方面：重点建立公共汽电车、地铁、出租、省际客运四种交通方式的先进、高效的安全运营生产模式，特别是建设现代化的客运枢纽信息系统和 BRT 智能交通系统。

货运生产方面：重点建立与物流信息系统相衔接的物流运输信息系统和货运枢纽信息系统，实现城市物流配送车辆的集约化运输，建立货运安全监控系统。

交通收费方面：在公共汽电车、地铁、出租、高速公路通行、停车场收费等方面，实现"一卡通"电子付费。

运输安全与紧急救援方面：整合紧急救援资源，建立协调运行机制，形成高效的救援信息网络。

(二)系统的建设体系

某市公众出行信息系统建设体系如图 5.4 所示，从图中可以看到：该市公众出行交通综合信息服务系统的建设体系(主要在示范工程阶段)内容为在选定的示范工程实施区域——市域范围内的干线道路网(含高速公路、主要公路、快速路、城市主干道)，在现有交通动态信息采集设施的基础上，并在具有示范性的主要公路上布设交通信息采集设施进行交通数据采集。

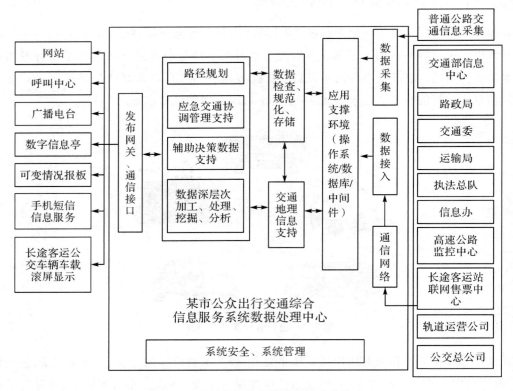

图 5.4 出行交通信息服务系统建设体系

在充分利用现有通信网络资源的基础上,建设公众出行交通综合信息服务系统数据通信网络,实现各相关政府部门及交通运输运营企业与示范工程数据处理中心的连通,以及示范工程数据处理中心与交通部信息中心的连通。

(三)系统的逻辑结构

公众出行交通信息服务系统的逻辑结构如图5.5所示。

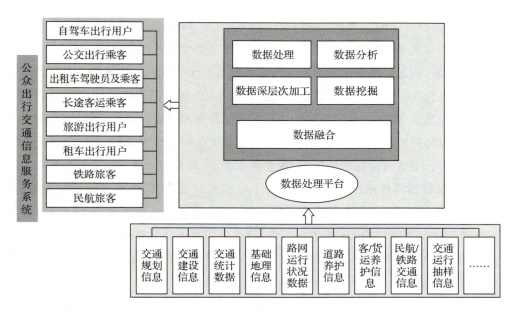

图5.5　公众出行交通信息服务系统逻辑结构

可以看出从逻辑上该市公众出行交通信息服务系统可以分成三个部分:数据的介入和采集、数据的融合与加工处理、交通信息的多方式发布。其中数据介入和采集的功能是通过不同的方式将多样化的交通数据传输到信息服务系统的数据处理平台,平台主要实现数据的融合和加工处理功能,即对多源异构的交通数据按照一定的标准规范进行多层次的处理,最终生成综合性和个性化的交通信息。交通信息的多方式发布能够服务于多种出行方式,能够通过不同种类的发布终端显示信息。

第三节　智能路网交通信息服务系统

一、中国路网交通服务体系结构

随着当前信息化技术的迅猛发展,积极打造"综合交通""智慧交通""绿色交通""平安交通"已成为当前交通运输发展的战略任务。公路信息服务作为交通信息服务的重要组成,得到了越来越多的关注,主要包括公路交通运行、营运、管理、服务等关联的一切信息。虽然部分省市加快了干线公路信息服务建设,新建了大量公路信息设施,但是由于建设初期缺乏系统化的规划以及清晰的功能定位,公路信息服务的实际应用功能受到很大的制约。构建符合现代特征的干线公路信息体系就要立足于公路信息服务的基本特点,明确公路信息的服务对象,整合和利用社会公共服务体系中的相关服务;透过公路信息系统及服务平台,为信息的服务对象提供均衡、优质、高效、方便的公路信息服务。

随着近年来智能终端的普及和"互联网＋"的发展,互联网在路网运行与服务系统中的作用越来越重要,为加快实现现代化注入了强大的动力,带来了前所未有的机遇。

改革开放以来,我国公路交通建设不断加速。截至 2019 年底,全国公路总里程已达501.25万公里、高速公路达 14.96 万公里。以高速公路为骨架、干线公路为支撑的全国公路基础设施网络基本形成,尤其是 2020 年全国撤销 487 个高速公路省界收费站后,全国路网运行效率明显提高,网络化运行特征更加明显,公路网已然成为通达天下的超大实体网。

"十二五"期间,交通运输部明确提出"建立更加全面、高效的交通运输运行监测网络"目标。2012 年 7 月,交通运输部路网监测与应急处置中心正式成立,承担了全国公路网监测、突发事件预警及应急处置、公路出行信息服务等职能。截至"十三五"末,全国共有 19 个省(区、市)正式建立省级路网运行管理机构,22 个省(区、市)设立省级高速公路路网分中心(或监控/收费结算中心),6 个省设立省级普通国省干线路网分中心,25 个省份完成治超联网方案编制。全国各级公路网运行管理制度机制建设进一步加强,交通运输部修订印发《公路交通阻断信息报送制度》《公路交通突发事件应急预案》等,建立全国路网"部省站(段)"三级协调调度指挥机制,各级路网运行管理部门与交警、路政、气象、国土、地震等部门建立不同程度的会商合作与协调联动机制,全国干线公路网监测服务体系初步形成。

"十四五"时期,是我国从"交通大国"迈向"交通强国"的关键时期,公路网发展重心必将从路网规模与空间扩张转向提升运行效率与服务质量水平,路网运行向更加安全、便捷、高效、经济、绿色方向发展。公路网运行监测体系建设是公路发展模式转向"网络化运行"和"在线式服务"的关键组成,更是践行国家总体安全观,保障路网运行安全便捷、智慧高效的重要手段。为此,构建路网运行监测体系,主动适应"双循环"新发展格局,是支撑交通强国建设的重要基础,是提高公路安全与运行效率、持续推进行业治理体系和治理能力现代化的重要手段,也是推进交通科技创新能力与完善我国自主知识产权理论体系的重要举措,对实现公路交通高质量发展具有重要意义。

交通信息采集是路网监测的重要组成部分,是掌握路网运行状态、实施管理和提供服务的基础,主要有以下几种方式。

1. 交通流检测器

路网监测最主要的方式就是在道路上安装交通流检测器,包括线圈(图 5.6)、微波、视频等自动检测器,然后将这些交通流采集数据回传到后台进行路网路况分析和判断。随着智能交通的发展和交通流量的增加,交通检测器和交通流量预测在预防和疏解交通拥堵方面的作用变得越来越重要。

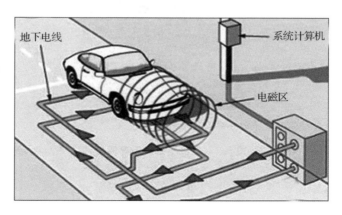

图 5.6　环形线圈车辆检测器

高性价比的布设原则寻求用较少的交通检测器的数量获得更实时准确的交通数据。固定交通检测器作为监测设备,可以采集当前监控断面的交通流量、占有率、速度等数据,并用于确定何时何地、是否会或已经发生交通拥堵或交通事故。

2. 人工采集

路况信息的收集主要依托各个路段监控中心的工作人员进行上报,信息上报主要通过网络通信方式。

3. 浮动车

浮动车(Floating Car Data)技术,也被称作"探测车(Probe Car)",是近年来国际智能交通系统(ITS)中所采用的获取道路交通信息的先进技术手段之一。基本原理是如果在城市中部署足够数量的浮动车,并将这些浮动车的位置数据通过无线通信系统定期、实时地传输到一个信息处理中心,由信息处理中心综合处理,就可以获得整个城市动态、实时的交通拥堵信息(图5.7)。这种方式是通过安装有全球卫星定位系统和无线通信装置的车辆(如出租车、公交车等)与交通数据中心进行实时信息交换,特点是采集范围广、投资少,能够反映路网运行状态的变化,为疏堵提供参考。

图 5.7 浮动车采集路况信息

4. 交通信息采集

交通信息采集系统(Traffic Information Collecting System)是利用安装在道路上和车辆上的交通信息收集系统(传感器、摄像头等)进行交通流量、行车速度、管制信息、道路状况、停车场、天气等动态信息收集、处理和发布(图 5.8),是智能交通系统中的一个重要组成部分。

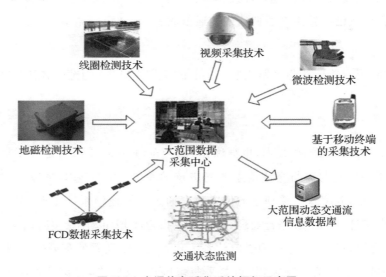

图 5.8 交通信息采集系统框架示意图

交通信息收集系统的主要功能是对于过往车辆进行计数、测速、车型分类,然后分析计算占道信息、单位时间内车流量、车流平均速度等,以此判断道路拥挤状况,然后通过通信接口,把采集到的数据按预定的时间处理周期发送到管理监控中心,将交通系统中的信息呈现给智能交通系统(ITS),为交通调度和交通事件告警提供决策服务。利用定位和交通信息提取技术获取相应的交通信息,为交通出行提供诱导信息服务。

二、交通服务体系的问题分析与展望

(一)存在的问题

"十三五"时期,我国综合交通运输体系建设取得了历史性成就,基本能够适应经济社会发展要求,人民获得感和满意度明显提升,为取得脱贫攻坚全面胜利、实现第一个百年奋斗目标提供了基础保障,在应对疫情、加强交通运输保障、促进复工复产等方面发挥了重要作用。五年里,我国交通运输基础设施网络日趋完善,综合交通网络总里程突破 600 万公里,"十纵十横"综合运输大通道基本贯通,高速铁路运营里程翻一番,对百万人口以上城市覆盖率超过 95%,高速公路对 20 万人口以上城市覆盖率超过 98%,民用运输机场覆盖 92% 左右的地级市,超大特大城市轨道交通加快成网,港珠澳大桥、北京大兴国际机场、上海洋山港自动化码头、京张高速铁路等超大型交通工程建成投运。

与此同时,我国综合交通运输发展不平衡、不充分问题仍然突出。

综合交通网络布局不够均衡、结构不尽合理、衔接不够顺畅,重点城市群、都市圈的城际和市域(郊)铁路存在较明显短板。

货物多式联运、旅客联程联运比重偏低,定制化、个性化、专业化运输服务产品供给与快速增长的需求不匹配。

智能交通技术应用深度和广度有待拓展,部分关键核心产品和技术自主创新能力不强。

交通运输安全形势仍然严峻,产业链供应链保障能力不足。绿色低碳发展任务艰巨,清洁能源推广应用仍需加快。

综合交通运输管理体制机制有待健全完善,制约要素自由流动的体制机制障碍依然存在。

(二)交通服务系统发展趋势

到 2025 年,综合交通运输基本实现一体化融合发展,智能化、绿色化取得实质性突破,综合能力、服务品质、运行效率和整体效益显著提升,交通运输发展向世界一流水平迈进。

(1)设施网络更加完善。国家综合立体交通网主骨架能力利用率显著提高。以"八纵八横"高速铁路主通道为主骨架,以高速铁路区域连接线衔接,以部分兼顾干线功能的城际铁路为补充,主要采用不低于 250 km/h 速度标准的高速铁路网对 50 万人口以上城市覆盖率达到 95%以上,普速铁路瓶颈路段基本消除。7 条首都放射线、11 条北南纵线、18 条东西横线,以及地区环线、并行线、联络线等组成的国家高速公路网的主线基本贯通,普通公路质量进一步提高。布局完善、功能完备的现代化机场体系基本形成。港口码头专业化、现代化水平显著提升,内河高等级航道网络建设取得重要进展。综合交通枢纽换乘换装效率进一步提高。重点城市群一体化交通网络、都市圈 1 小时通勤网加快形成,沿边国道基本贯通。

(2)运输服务更加高效。运输服务质量稳步提升,客运"一站式"、货运"一单制"服务更加普及,定制化、个性化、专业化运输服务产品更加丰富,城市交通拥堵和"停车难"问题持续缓解,农村和边境地区运输服务更有保障,具备条件的建制村实现快递服务全覆盖。面向全球的国际运输服务网络更加完善,中欧班列发展质量稳步提高。

(3)技术装备更加先进。第五代移动通信(5G)、物联网、大数据、云计算、人工智能等技术与交通运输深度融合,交通运输领域新型基础设施建设取得重要进展,交通基础设施数字化率显著提高,数据开放共享和平台整合优化取得实质性突破。自主化先进技术装备加快推广应用,实现北斗系统对交通运输重点领域全面覆盖,运输装备标准化率大幅提升。

(4)安全保障更加可靠。交通设施耐久可靠、运行安全可控、防范措施到位,安全设施完好率持续提高。跨部门、跨领域的安全风险防控体系和应急救援体系进一步健全,重特大事故发生率进一步降低。主要通道运输安全和粮食、能源、矿石等物资运输安全更有保障,国际物流供应链安全保障能力持续提升。

(5)发展模式更可持续。交通运输领域绿色生产生活方式逐步形成,铁路、水运承担大宗货物和中长距离货物运输比例稳步上升,绿色出行比例明显提高,清洁低碳运输工具广泛应用,单位周转量能源消耗明显降低,交通基础设施绿色化建设比例显著提升,资源要素利用效率持续提高,碳排放强度稳步下降。

(6)治理能力更加完备。各种运输方式一体融合发展、交通基础设施投融资和管理运营养护等领域法律法规和标准规范更加完善,综合交通运输一体化融合发展程度不断提高,市场化改革持续深化,多元化投融资体制更加健全,以信用为基础的新型监管机制加快形成。

展望 2035 年,便捷顺畅、经济高效、安全可靠、绿色集约、智能先进的现代化高质量国家综合立体交通网将基本建成,"全国 123 出行交通圈"(都市区 1 小时通勤、城市群 2 小时通达、全国主要城市 3 小时覆盖)和"全球 123 快货物流圈"(快货国内 1 天送达、周边国家 2 天送达、全球主要城市 3 天送达)将基本形成,我国将基本建成交通强国。

复习思考题

1. 什么是先进的出行者信息系统?
2. 简述先进的出行者信息系统的基本组成。
3. 什么是交通信息采集与融合技术?
4. ATIS 采用的关键技术包括哪些?
5. 交通信息采集主要有哪些方式?
6. 简述当代交通服务体系存在的问题。

第六章

智能停车系统

第一节　智能停车系统结构与功能

一、智能停车系统结构

（一）智能停车系统研究发展

我国经济的高速发展带来了迅速增加的汽车总量。近年来城市汽车拥有量不断增加，人们对于车位的需求量，以及对停车场服务质量、收费的便捷度要求不断提高。"停车难，找车难"已经成为现代城市大型停车场的通病。车辆猛增，既为市民出行带来很大的方便，也给城市的道路基础建设与交通管理带来极大压力。在商场、购物中心等大型停车场内，车主无法快速找到空车位，并且车主在返回停车场时往往由于停车场空间大，环境及标志物类似、方向不易辨别等原因，容易在停车场内迷失方向，寻找不到自己的车辆。

为了减轻车位严重供给不足的问题，2015 年下半年，中国发改委等七部门联合发布《关于加强城市停车设施建设的指导意见》，文件中要求充分调动社会各界积极性，加速推进停车设施的建设、实施。传统的停车管理已经无法满足人们的需求，先进可靠的停车系统在服务、管理方面的作用越来越大。

城市停车场是城市静态交通的重要组成部分。然而传统的停车系统并不完善，无法对停车资源进行有效利用，使得停车场内信息不明、停车场车位紧缺、车主体验感差、车辆无序、路口拥堵、车位利用率低、运营成本过高等问题频现（图 6.1）。

车辆在无处可停放的情况下就只能在道路上进行无谓的绕行，这会给交通产生更大的压力，加剧交通堵塞情况。提高车位利用率和周转率，提升整体停车效率，对于整个城市交通的发展和市民生活质量的提高，都具有重要意义。因此，开发和研究智能停车系统迫在眉睫。

图 6.1 停车场面临的问题

1. 智能停车系统

为了解决停车难的问题,政府投入了大量的资源,例如新建停车场、规划更多的道路泊车位等,但是这种简单的投入并不能有效解决停车难问题。随着现代信息技术的发展,将计算机技术、通信技术、物联网技术和停车场管理相结合,建立智能化的停车管理系统是解决用户停车难、提高城市停车位使用率的有效方式之一。因此,智能化停车管理系统是停车场未来发展的方向,它将实现停车设施资源利用率最大化,在一定程度上缓解城市停车难和"城市交通病"的困扰,同时将大大促进智慧城市的建设,进一步提升城市品质和管理服务水平。

智能停车系统(图 6.2)建立在信息化技术基础上,以缓解自驾车用户在出行过程中的停车问题为目的,通过引入数据库进行用户、平台和停车场三方规范联合管理,达到对停车位的有序监测分配,实现了剩余车位查询、车位预定、智能挑选车位、停车场进出口导航等功能,从而减少车主寻找停车位的时间。智能停车系统也是 ITS 的重要组成部分之一,其主要作用是有效缓解城市拥堵状况和道路占用过多的情况,提高停车设施利用率,减少车辆尾气排放量和降低噪声,优化交通环境。因此,研究并开发智能停车系统是十分必要的。

图 6.2 智能停车系统

2.发展历程

(1)1986年,德国科隆开始实施智能停车系统。1998年,德国对智能停车系统进一步开发,安装了全新的艺术性的展示技术标志牌,并设立多功能控制中心,由当地政府交通管理中心对整个系统的运转进行管控。

(2)21世纪90年代至2008年,我国出入口停车收费管理模式开始出现,并跟随城镇化、房地产的建设迅速发展起来;停车出入口控制已经成为安防领域中不可或缺的一部分。这个阶段的停车管理需求仅限于出入口的控制及收费;产品形式以机械设备为主,包括通道闸、出票机、出卡机等;出入口控制设备的自动化水平处于较低水平,收费仍以人工方式为主。

(3)2009年至今,随着汽车保有量的增加,原有的停车场出入口控制系统已经不能满足日常的管理需求;出入口设备逐渐向高端化、无人化发展,逐渐出现智能化的管理设备,例如不停车收费(Electronic Toll Collection,ETC)、非接触式IC卡、RFID卡、蓝牙远距离读卡、车牌识别、城市停车引导系统、停车场内车位引导、反向寻车系统等等。智能化的停车管理设备进入更新换代的快速发展阶段。

目前,随着云计算、移动互联网的发展,停车管理行业不仅继续向高端化和无人化发展,全视频快速通行、无人值守的停车管理系统加速投放市场,而且在停车资源的大数据联网也形成了清晰的发展趋势。未来基于云端＋移动端的停车应用将迅速普及开来,基于停车大数据的运营也将成为未来停车管理行业的重要发展方向。

(二)基于RFID技术的智能停车系统构架与功能

1.智能停车系统技术

(1)基于IC卡方式。基于集成电路卡(Integrated Circuit Card,IC卡)方式为取代人工管理方式以来较为广泛采用的一种技术方式。用户取卡进入停车场,泊车后选择就近定位设备,再次刷卡对停车位置标示,寻车时通过寻车终端刷卡寻车,最后缴费回收卡出场。此种方式通过非接触式IC卡记录车辆车牌号、停车时间、停车费用等信息。在整个停车取车过程中,用户需多次刷卡,操作流程较为复杂,且易存在漏刷情况,导致寻车难等问题。同时,由于刷卡时需用户停车操作,且需对IC卡进行读写操作并与车辆信息匹配,高峰期、恶劣天气时易出现拥堵。这种方式也不能对车辆进行示踪,查询历史轨迹。

(2)基于视频识别方式。近年来基于视频识别方式以其易操作性逐步取代基于IC卡方式,成为大型停车场的主流管理技术之一。此种方式主要基于带有视频识别功能的摄像机,车辆进场时通过入口摄像机识别并记录车牌信息、车辆状态等信息,泊车后,摄像机采集记录车辆停车位置并与车牌信息匹配,反向寻车时,通过在寻车终端输入车牌信息,搜索泊车位置,完成取车。但视频识别方式对环境照度、车辆拍摄角度有较高要求,易受天气条件及环境照度等影响。相比于IC卡方式,视频识别方式可对车辆进行示踪,但造价较高。

（3）基于 RFID 技术方式。基于 RFID 技术方式是 IC 卡和视频识别方式优势的结合。RFID 即无线射频识别，主要原理为采用附着在车辆上的物理标签存储用户信息，当标签处于特定频率的电磁场时，通过定位算法对标签进行定位、追踪，即通过非接触式技术搭建无线通信网络。

基于此种技术配置定位模块的 RFID 射频卡可为车辆定位。在车辆进场时，通过入口视频识别摄像机采集车辆信息，并与 RFID 卡关联，泊车完成后 RFID 卡作为定位标志留在车内，卡内定位模块可周期性发射信号实现对车辆定位。

取车时，用户需在反向查询装置上通过车牌号等车辆信息寻车。离场时出口设备进行卡回收，并通过卡内模块计费收费。此种方式无须多次刷卡，对固定用户甚至无须刷卡，提高停车效率。基于 RFID 技术的智能停车系统如图 6.3 所示。

图 6.3　基于 RFID 技术的智能停车系统

综上所述，下面重点介绍基于 RFID 技术的智能停车系统的架构与功能。

2. 基于 RFID 技术的智能停车系统架构

包括出入口设备、天线及基站、RFID 标签、反向寻车设备、控制管理设备以及平台软件组成（图 6.4）。

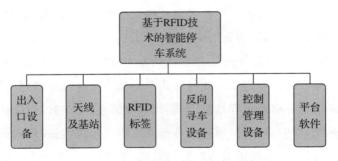

图 6.4　基于 RFID 技术的智能停车系统架构

（1）出入口设备：出入口设备主要包括识别设备、控制设备、收发卡设备等。其中识别设备主要通过带有视频图像识别功能的摄像机组成，通过图像处理技术抓拍并识别车辆号与数据库信息比对，判断车辆是否为固定用户，即判断是否已经拥有 RFID 标签。若为已有 RFID 标签的固定用户，则车辆直接进入无须停车取卡或登记。若为无 RFID 标签的临时用户或新用户，则发放与车辆信息已匹配的 RFID 标签，即 RFID 卡。若为未识别出 RFID 标签的固定用户，则重新将 RFID 标签与车辆信息匹配。控制设备主要为道闸或自动门、地感等门禁设备，主要用于管控车辆的放行。收发卡设备主要用于对临时用户进行进入发卡、离开收卡，对新用户及未识别出 RFID 标签的固定用户进行信息匹配的卡处理操作。

（2）天线及基站：在停车场均布天线搭建无线通信网络，为车库覆盖特定频段的电磁场，使处于车库中任意车位的 RFID 标签都能被读取。读取 RFID 标签并对标签定位可使用基于测距技术的时间定位、到达时差定位、方向测量定位、信号强度定位等方法以及基于非测距技术的DV－Hop 定位算法、APIT 定位算法、凸规划算法等方法。

（3）RFID 标签：RFID 标签主要由天线、调制器、编码器、时钟及存储器构成。RFID 标签按工作频率可分为低频、中高频、超高频与微波标签。考虑到 RFID 标签的工作要求及读写距离，应用于停车场管理系统的 RFID 标签较多采用超高频段的有源标签。当用户将 RFID 标签放置于车内，并在天线覆盖范围内行驶时，后台可根据相应定位算法对车辆定位、示踪。同时将停车场管理系统与视频安防监控系统联动，可结合摄像机采集的关联车辆画面信息作为事中监控、事后寻车及查看的依据。

（4）反向寻车设备：反向寻车设备为用户反向寻车提供便利，主要设置于人流线聚集处，如电梯厅、楼梯厅、人行出入口等。通过刷卡或录入车辆信息等调取车辆位置、状态图像，并为用户规划合理的寻车路径，提高用户寻车效率及准确性。

（5）控制管理设备：控制管理设备主要包括工作站、服务器及收费设备等系统控制设备，一般设置于安防控制室、岗亭或收费中心，并由安保值班人员操控。

（6）平台软件：平台软件即停车场管理软件，为停车场管理系统提供人机交互界面，同时也为其他联动系统，如视频监控系统提供接口。

3.基于 RFID 技术的智能停车系统的功能

基于 RFID 技术的智能停车系统具有不停车通行、自动缴费、分时停车、信息服务等功能。系统具有以下特点：

（1）高效性：RFID 标签的读取为非接触式，即能免去停车刷卡的操作时间，亦能在相对恶劣的条件下正常识别读取，且识别读取快，从而使用户的停车流程更加便捷高效。

（2）安全性：相较于一维条形码和二维码技术，RFID 标签将承载信息电子化，且可采用加密保护，不易被篡改或复制。

(3)耐久性：RFID标签由于采用电子式存储,对水、油或其他化学制品的污染有较强的抗污染性。因此不易损坏,数据保存时间也较为长久。

基于RFID技术的停车场管理系统在车辆进出场、泊车定位、反向寻车、缴费出场各流程减少了刷卡的操作,简化用户停车流程,提升用户停车效率,提高用户寻车准确性,优化用户体验;也减少了管理方的管理成本。同时,相比于视频识别方式,基于RFID技术的停车场管理系统对环境照度、车辆停放状态等方面要求较低,有利于提高用户停车的易操作性,同时在识别准确率和系统可靠性方面更占优势。综合比较得出,基于RFID技术的停车场管理技术较传统的刷卡方式、视频识别方式较为优越,但对具体项目也可根据情况采用多种方式结合的方案,在不同流程采用不同技术手段,使管理方、用户等多方的综合利益最大化。

智能停车系统可以对交通信息进行采集、融合与发布。通过使用该系统协调和管理交通,既可以提高城市停车管理水平和服务水平,提升公共停车空间的利用效率和平衡性,降低盲目搜寻停车场地而增加的额外车流量,改善区域交通堵塞,减少交通事件的发生,还可以增加停车服务信息的发布方式、拓展停车服务范围、提高服务方式的灵活性。

二、智能停车子系统功能

(一)出入口停车场管理系统的组成

如图6.5所示,出入口停车场管理系统包括道闸、地感线、车辆检测器、出入口主控制系统车牌高清专用摄像机、补光灯、停车场车牌识别软件、岗亭设备、地感(也称为车辆检测器,如图6.6所示)。

图6.5　出入口停车场管理系统

第六章 智能停车系统

图 6.6 车辆检测器

(二)出入口停车场管理系统的功能

出入口停车场管理系统的功能包括：以计算机信息技术为基础；采用世界上最先进的智能卡技术和图像识别技术；通过对停车场进出车辆的身份识别，保证车辆的安全管理；针对不同用户停车准确计时计费，杜绝种种不良弊端；实现对停车场出入口的高度智能化、自动化和安全化管理。下面分别介绍各组成部分的功能：

1. 地感功能

①当车辆在地感线圈上时，所有关信号无效即栏杆机不会落杆。②当车辆通过地感线圈后，将发出一个关信号，栏杆机自动落杆。③当栏杆在下落过程中，有车辆压到地感线圈，栏杆将马上反向运转升杆。④与手动、遥控或电脑配合可完成车队通过功能。

2. 道闸

1) 道闸的分类

①根据道闸主机特性分类。机电道闸、广告道闸、数字道闸、智能道闸、车牌识别道闸。其中机电道闸属于最普通的机械控制道闸，广告道闸可以在箱体上安放海报和灯箱广告，数字道闸由数字化软件控制，智能道闸可以配置智能显示屏和语音播报，车牌识别道闸具有车牌识别功能。

②根据闸杆形状及运作方式分类。直杆道闸（也叫横杆道闸）、伸缩杆道闸、栅栏门道闸、折杆道闸（也叫折臂、曲杆道闸）、广告道闸、混合道闸。其中直杆道闸（图 6.7）为最常见的一根栏杆的道闸；伸缩杆道闸运作方式是伸缩不是升降，比较独特；栅栏门道闸也比较常见；折杆道闸多用于地下停车场；广告道闸和混合道闸都是由直杆栅栏和面板混合而成。

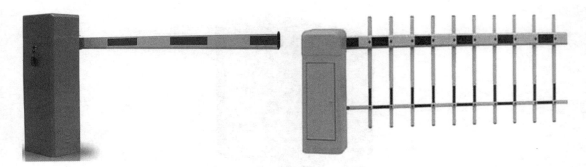

图 6.7 直杆、栅栏门道闸

③根据材质分类。道闸机箱多为不锈钢材质;闸杆多为铝合金和木材,表面喷涂烤漆。

④根据闸杆升降速度分类。包括慢速道闸、中速道闸、快速道闸。另外,目前很多道闸可以调节速度,比如某品牌智能道闸。

⑤根据安装位置分类。包括左侧道闸、右侧道闸、双侧道闸。主要看机箱摆放位置,双侧道闸多为空降门道闸。

⑥根据控制方式分类。包括手动道闸、盒控道闸、遥控道闸、自动道闸。目前大部分道闸都是盒控和遥控同时具备,智能及无人停车场多为自动道闸。

2)停车场道闸主要组成部分

①道闸机箱。机箱是道闸系统的控制主体,一般经过喷涂、高温烘烤、热熔等各种先进的表面处理工艺,不仅外表美观,而且具有耐风沙、耐雨雪、抗暴晒、不褪色等特性。

②道闸机芯。目前都是一体化机芯设计,集减速箱、力矩装置、主轴承、主托架等于一体,材质多为经过精密铸造、数控加工后一次性成形的不锈钢机芯。一体化设计可大量减少机箱内部件,并且大大提升了机箱整体的可靠性和稳定性,提高了道闸生产效率和产量。

③闸电机。采用三相变频电机,闸杆速度可调。电机转速可以随时根据频率变化,而转矩可以保持稳定,因此产生的冲击电流和体积均很小。同时在电机长时间堵塞时,工作电流不会上升,故闸杆运行平稳可靠,可精确控制开关闸时间,并且电机不易损坏。

④控制单元。采用高度化集成的芯片控制结构,具有红外编码、红外对射、气囊传感、扭矩传感、地感、固态电机、闸杆运动等多种控制器、传感器,稳定可靠。

⑤选配装置。可以根据需要选择遇阻防砸装置、地感防砸装置、遥控装置、红外线检测装置、车牌识别系统、扫码打印系统、智能停车场管理系统等附加停车场道闸设备。

⑥其他。记忆、修复等功能,维护方便省事;力矩平衡为独立的平衡装置,只需一根弹簧即可平衡长达 6 米的直杆或折杆。

第二节 智能停车系统设备和集成

一、智能停车系统设备

一般先进智能停车场管理系统(图 6.8、图 6.9)有以下几个部分:出入口管理系统、视频车位引导系统、反向寻车系统和云停车服务平台。

全视频车位引导及反向寻车系统的各子系统之间联网集成,组成了智能停车场管理及控制系统。

图 6.8 智能停车场管理系统

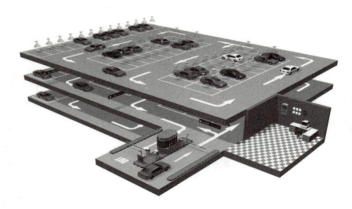

图 6.9 智能停车场平面效果图

1. 出入口管理系统功能与特点

出入口管理系统如图 6.10 所示,其功能与特点包括如下内容。

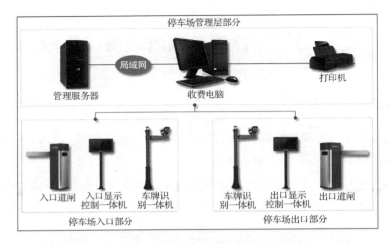

图 6.10 出入口管理系统

1) 不停车快速入场

入口无须发卡、发票,出口无须验卡、验票,并且可做到入口无人管理,无障碍通行。既可节省卡或票的成本支出,也可相应节省人员开支。

2) 车牌自动识别

系统将出入库车辆的车牌号码作为车辆管理的唯一凭证,自动采集出入库车辆的前部特征图像,自动识别车牌号码并记录车辆的前部全景图像。以此作为停车管理、安全认证的原始数据,并以车牌号码作为数据标识内容,进行信息数据管理。

3) 视频流逐帧识别

系统自动提取出视频中所存在的车牌号码信息、颜色信息,并同时提供相应的包含车辆的单帧或多帧图片、车牌小图、车牌二值化图等信息,实现全天候的车牌识别,以及无牌车的检测与抓拍。

出入口管理系统主要设备(图 6.11)包括:车牌识别一体机、出入口显示控制一体机、室内 LED 车位引导屏等。

(a) 车牌识别一体机　　　(b) 出入口显示控制一体机　　　(c) 室内 LED 车位引导屏

图 6.11 出入口管理系统主要设备

2. 视频车位引导及反向寻车系统

1) 系统概述

视频车位引导及反向寻车系统结构图如图 6.12 所示。

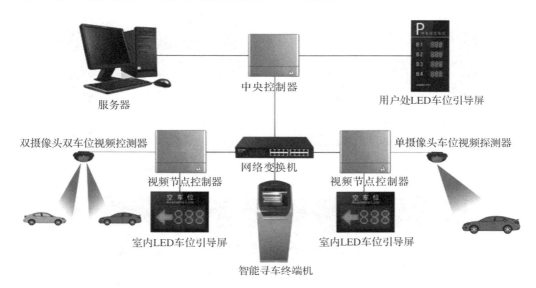

图 6.12　视频车位引导及反向寻车系统结构图

视频车位引导及反向寻车系统是应用高速数字信号处理(Digital Signal Processing,DSP)识别算法专利技术、PC 端车辆识别/车牌识别专利技术及云智能停车在现代智能交通领域的先进停车管理系统。系统实现全视频车位引导停车为主及场内反向寻车为辅的进出车场管理方案,实现无须刷卡、减少排队等候,为解决停车难提供了一种高效、便捷的停车管理方案。

视频车位引导及反向寻车系统通过在停车位上装视频车位探测器。视频车位探测器将抓拍的车辆图片、识别结果、车位占用状态等信息通过网络传输给中心应用子系统。中心应用子系统将信息存储数据库统一管理,同时中心应用子系统在对信息数据进行处理后,通过网络传输将空车位信息发送到停车场入口和室内引导屏上并显示。车主可通过 LED 引导屏获知整个停车场各区域的车位空余情况,从而实现车位引导功能。

当顾客再次进入停车场取车时,可通过安装在停车场人员出入口/电梯口处的寻车查询终端输入自己汽车的车牌号或车位号。查询终端实时获取服务器数据库的数据,并在屏幕上显示车主当前所在的停车场地图,地图上会标明车主所处位置和其车辆停放的位置,并通过计算分析自动显示一条最佳取车路线,从而引导车主快速取车。

2) 功能特点

视频车位引导及反向寻车系统四级引导如图 6.13 所示。

一级引导:根据入口指示屏选择合适楼层。

二级引导：根据场内引导屏选择合适方向。
三级引导：选择绿灯亮的车位停车。
四级引导：根据车牌号，按照取车查询机或手机提供的电子地图快速找到车辆。

(a) 一级引导

(b) 二级引导

(c) 三级引导

(d) 四级引导

图 6.13　视频车位引导及反向寻车系统四级引导

3) 系统优势

①视频识别技术：车位视频终端内嵌高精度车牌识别和车位状态检测算法，车牌和车位状态检测准确率均高达 99%，针对无牌车、新能源车牌均有很高的识别率。

②视频存储：支持车位录像信息存储，实时查看某车位的视频，有效解决车场剐蹭现象。同时因视频车位检测器是基于高效的视频编码，在相同的图像质量下，大大减少了存储空间，节约了硬件采购成本。

③增值服务能力：系统为第三方提供丰富的接口，用以满足第三方业务的扩展，如为个人用户端提供车位共享和预订、反向寻车、车位状态监控管理、车位视频监控等。

④支持定制化：针对客户具体项目的具体需求，我们可以提供各种功能和界面的定制化服务，帮助客户完成项目实施。

⑤提升停车场使用率：系统具有完善的车位引导系统，不仅可以精准探测车位空满状态，还可以识别车牌号码，引导和寻车合二为一。提高停车场使用率，优化停车场客户满意度。

⑥方便寻车及缴费：支持灵活多样的查询方式，提供了车牌号、车位编号等多种方式的寻

车,引导车主快速到达车辆停放位置。同时收费系统可以通过车牌号缴费,并可提前缴费、自助缴费,极大方便驾车者。接线采用网络方式,链接简单,安装维护方便。

⑦可靠性高:系统具有很高的可靠性,采用工业级器件,提高设备性能指标,由于电脑故障率极高,本系统的主控器可脱机工作,即不依赖于电脑,电脑只用于参数设置和数据管理。设备故障时系统具有报警功能,可立即定位及排除故障。

⑧节约投资成本:系统结构简单合理,性价比高,在满足实际需求的情况下尽量节约投资成本。可任意改变设置以满足不同时期的引导需求。

⑨提升停车体验:可以方便导入停车场各个区域的平面图,在电子地图上实时反映车位的使用情况,并具有数据统计、图表、车位使用率、车位周转率等功能。

⑩实时监控,易于维护:实时监控车位状态,车场管理人员可在控制室随时了解车位情况。系统可统计车场每天、每月使用率,分时段使用率等,方便了解车场使用情况,便捷设置车位引导屏所对应的停车区域,可根据各个出入口的车流分布情况进行合理设置。

二、智能停车系统设备的集成与调试

智慧城市停车信息化云平台框架如图 6.14 所示。

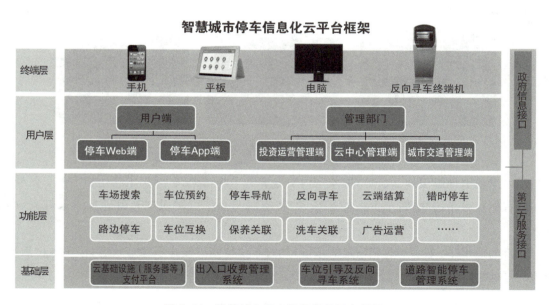

图 6.14　智慧城市停车信息化云平台框架

1. 云停车流程

①目的地停车场查询:出发前,通过 Web、停车 App 搜索目的地停车场车位情况,免去到达目的地停车难的困境。

②推荐目的地停车场信息：推荐目的地附近停车场、空余车位及停车价格信息，供车主参考。

③App 停车位预定：车主确认目的地停车场之后，可通过 App 预定车位，避免到达目的地后无车位（图 6.15）。

图 6.15　①～③操作示意图

④App 优化路线导航：根据车主出发事件及城市交通状况，为车主规划推荐路径，提供畅通快捷的路径导航。

⑤城市停车诱导：在车主行车过程中，在重要路段中有引导屏辅助引导车主到达目的地停车场。

⑥无障碍进入停车场：车主已通过车牌预定车位，车辆进入停车场入口系统自动识别车牌，自动开启道闸放行（图 6.16）。

图 6.16　④～⑥操作示意图

⑦停车场引导屏引导：入口总屏与室内引导屏进一步辅助、引导车主到达指定停车区域。

⑧智能照明系统联动：车主在停车场内，智能照明系统可实现灯光引导和车来灯亮、车走灯灭。

⑨目的地停车：车主到达所预定的车位，此时车位探测终端显示绿灯状态，停车入位后绿灯转为红灯（图 6.17）。

图 6.17　⑦～⑨操作示意图

⑩反向寻车:进入停车场后通过 App 或停车场内寻车终端机输入车牌号,查询车辆停放位置并生成寻车路径。

⑪自主缴费:车主驾车离开可通过手机 App 或停车场内缴费机进行自主缴费,节省排队等候时间。

⑫无障碍离场:车主采用手机或缴费机自主缴费,离开停车场时系统通过车牌自动识别主动开闸放行(图 6.18)。

图 6.18　⑩～⑫操作示意图

2. 云停车功能

①停车场搜索功能:用户通过 App 或 Web 定位功能可快速搜索目的地停车场。其优势是:手机 App 可快速生成车位、价格、距离等参数智能排序。

②车位预约功能:用户确定目的地停车场之后,可进行在线车位预定,避免到达目的地后无车位。其优势是为目的地停车提供一个"车到必有车位"的便利。

③停车导航功能:城市引导屏、停车场室内引导屏均有停车导航功能(图 6.19)。

图 6.19　城市、停车场室内引导屏导航

④云端缴费功能。

⑤反向寻车功能:扫二维码反向寻车(图 6.20)。

图 6.20　扫码反向寻车

⑥错峰停车功能：发布可以错峰停车的区域信息，如医院、市政厅等附近可错峰停车的小区名称、时段。其优势是有效缓解区域停车在各峰期停车难问题，提升城市停车场的综合利用空间。

⑦错位停车功能（图 6.21）：平台为用户提供车位信息发布，可实现不同区域用户停车位自主互换及配对功能。其优势是有效缓解区域停车在各峰期停车难问题，提升城市停车场的综合利用空间。

图 6.21　错位停车功能

复习思考题

1. 简述智能停车系统发展历程。
2. 出入口停车场管理系统的组成包括哪些？
3. 智能停车场管理系统的组成包括哪些？
4. 简述云停车系统的主要流程。

第七章

智能交通监控系统

第一节　城市交通监控系统

一、交通监控系统简介

1. 交通监控系统的概念

交通监控系统是 ITS 系统中一个重要的子系统,通过信息采集、处理、发布,实现道路上交通信息的实时完整监控,保障交通参与者、交通管理者、交通工具、道路管理设施之间的信息交换,达到人、车、路、环境的协调统一,与其他静态设施一起构成了保障道路交通高效、安全的基础。

2. 交通监控系统的功能

交通监控系统适用于城市道路、高速公路等场合,它的功能主要体现在以下方面。

①软件硬件集成提高交通管理效率,交通监控系统采用先进的计算机软件技术、监控技术、通信和图像处理等技术,集成了高效的软件和硬件产品,具有强大的数据采集和处理能力,数据统一录入数据库,可自动统计、分析,使交通管理更加高效、智能。

②集成办公自动化、电子化,实现各个部门间的数据自动传递,提高交通管理与控制效率。

③保障道路安全,交通监控系统是全天候的执勤"警察",将实时交通信息传回监控中心,使管理人员掌握交通状况,及时进行交通控制,改变交通流的分布,以解决交通堵塞、交通事故频发问题,保障道路安全。

④实现智能交通系统内部子系统之间的有机集成,交通监控系统扩展性强,系统提供开放式的数据接口,支持与其他系统交互联通,便于系统的升级维护。

二、交通监控系统组成

交通监控系统由信息采集、信息处理、信息发布三大部分组成,具体结构如图 7.1 所示。

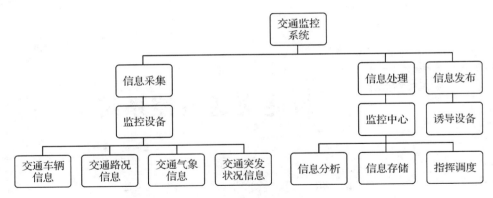

图 7.1 交通监控系统组成

1. 信息采集系统

信息采集系统的功能是收集实时的交通信息和预处理,使这些原始信息转化成符合系统要求的文件,主要负责收集各道路的交通车辆、路况、气象以及突发情况信息。现代道路中使用的采集交通信息的设备和装置包括:摄像机、地感线圈、红外线检测装置等,如图 7.2 所示。

道路上的摄像头的主要功能有:

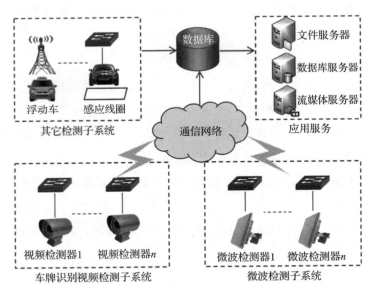

图 7.2 交通信息采集系统工作图

(1)道路监控:道路监控摄像头,即"电子眼",详见本章第一节"四、交通监控系统应用"。

(2)治安监控:如图 7.3 所示,治安监控的摄像头一般为球形,主要用来监控道路治安情况,统计车流量,不属于交通管制摄像头,也不会抓拍违章。

图 7.3　治安监控摄像头

（3）路口违章监控：如图 7.4 所示，违章监控摄像头是圆形的，主要安装在市区禁止停车路段或禁止上下车路段，用于抓拍逆行、违规变道等行为，200 米之内可以拍得很清晰。

图 7.4　违章监控摄像头

（4）测速监控：如图 7.5 所示，测速监控摄像机一般是白色长方形，安装在横跨整条道路的白色交通杆上，也俗称"卡口"。摄像头旁边一般会有黑色方板状的雷达测速器，主要安装在城市快速路、国道、省道、高速公路上。

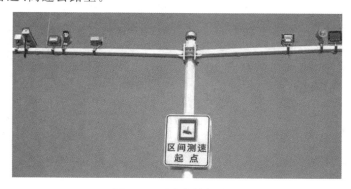

图 7.5　测速监控摄像机

2. 监控中心

监控中心是信息采集系统与发布系统的中心环节,是交通信息处理、管理和控制的核心,主要由大型多功能计算机、大型显示设备、控制台组成。

目前比较集成的是交通运行监测调度中心(Transportation Operations Coordination Center,TOCC),TOCC 是综合交通运行监测协调体系的核心组成部分,负责交通运行的监测、预测和预警,提供交通信息服务,开展多种运输方式的调度协调,为交通管理和事故应急处理提供信息保障。

北京市交通运行协调指挥中心于 2010 年开始建设北京市交通运行协调指挥中心一期工程。通过该工程建成了 TOCC 监测大厅和交通应急指挥中心,初步建成了日常监测与运行协调平台、决策支持与信息服务平台、交通安全应急指挥平台以及三大支撑系统和两套配套工程,初步构建了北京市综合交通运输运行监测协调体系,成为全国首个城乡一体化的省级综合交通运行监测协调中心。二期工程实现了交通运行监测、协调调度、应急指挥和协同服务,满足城市运行管理精细化的高要求。

TOCC 的运行监测体系涵盖三大路网、四大市内交通方式、三大城际交通方式,以及交通枢纽、静态交通等共 19 个监测领域,如图 7.6 所示。TOCC 的协调调度体系自上而下涵盖公安、路政等管理中心,如图 7.7 所示。

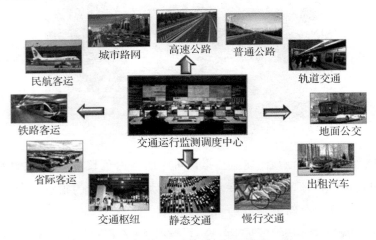

图 7.6 TOCC 运行监测体系

图 7.7 TOCC 协调调度体系

3. 信息发布系统

信息发布系统是发送交通信息、发布诱导、控制、指挥等指令的设备，负责将控制中心的指令发布到道路沿线的载体，主要由有线、无线信息传输网络构成，如交通电台、交通诱导牌、可变交通标志等。如图 7.8 所示。

图 7.8 可变信息板

三、交通监控技术

在交通监控系统各子系统中，应用了信息技术、通信技术、电子控制技术和系统集成技术等先进技术，有效保障了系统的智能、准确、高效。

1. 信息采集

1) 视频检测技术

视频检测技术利用设定区域沿线摄像机采集视频图像,并以其为分析对象,得到车辆及道路状况等交通信息,如车流量、平均车速、占有率、交通拥堵、重大交通事故等,再根据图像处理算法产生事件告警,并采取相应的交通管理措施。

利用沿线遥控摄像对交通运行及道路状况进行监视是交通监控的主要手段之一。与传统方式相比,视频检测技术有如下优点:a.兼具图像检测和交通数据采集的功能。b.监视范围大、检测率高、图像信息丰富直观。c.故障率低,使用寿命长,安装使用及维护简便。d.数据可输入到交通信号控制系统,实现电视监控系统和交通信号控制有机集成。缺点主要是初期投入的成本相对较高、环境适应性稍差。

2) 无线传感器技术

无线传感器网络是大量的静止或移动的传感器以自组织和多跳的方式构成的无线网络,其目的是协作感知、采集、处理和传输网络覆盖地理区域内感知对象的监测信息,并报告给用户。在该网络中,现代信息技术的三大基础技术之一的传感器技术投入使用,实现数据采集和简单处理。

交通监控网络中的节点通过传感器关键技术 RFID,自动采集车辆、道路、建筑物、气象等目标信息;再经过短距离无线数据传输至监控中心,由监控中心整合信息,发布交通管理控制信息。该技术主要实施步骤:在道路的合适位置放置终端节点和完整功能设备节点,并设置编号与地理位置对应,存入主机数据库中。其中终端节点可提供道路的基本信息,实时采集交通状况。车辆通过装备完整功能设备节点,向邻近的节点接收和发送数据,也可作为其他节点间通信的路由设备。

传感器关键技术 RFID 的主要优势是实时识别多个高速运动物体,实现网络结点间的数据传输,同时数据储存量大、小巧轻便、防水防磁、安全性好、使用寿命长。

3) 环形线圈感应式检测技术

环形线圈感应式检测技术由环形线圈、传输馈线、检测处理单元和背景框架组成,由环形线圈作为检测探头,检测车辆通过或存在。其工作原理如下:由传输馈线连接的环形线圈与检测处理单元组成初级调谐电路,环形线圈就相当于此电路中的电感元件。电流通过环形线圈时,在其附近形成一个电磁场。当主要由铁材物质组成的车辆进入这个磁场时,车身金属中感应出涡流,涡流电流使磁场的磁力线减少。

环形线圈检测器具有成本低廉、检测精度和可靠性高、适应性好等优点,使用最为广泛。但是需要破路施工,安装不便,易受路面破损而毁坏,故障率较高,不能实现多车道无缝覆盖和跨越车道线或双实线的车辆检测。

4）远程交通微波检测技术

远程交通微波检测技术利用工作在微波频段的雷达探测器,向行驶的车辆发射调频微波,波束被行驶的车辆阻挡而发生反射,反射波通过多普勒效应使频率发生偏移。根据这种频率的偏移可检测出有车辆通过,经过接收、处理、鉴频放大后输出一个检测信号,从而达到检测道路交通信息的目的。

远程交通微波检测技术能精确检测各车道的交通流量、道路占有率、平均速度和排队状况等信息。检测器的输出信号与一般常见的检测器兼容,可通过数据接口与控制系统相连或直接替代传统的多个感应线圈探测器。它具有存储能力,可将检测到的数据进行存储,也可通过串行总线接入其他系统,或通过网络传输到交通信息中心。

2.信息发布

在信息传输发布过程中,主要应用的是现代信息技术的通信技术。

1）卫星通信

卫星通信是无线电通信站之间利用卫星进行通信,主要由卫星和地球站两部分组成,可支持电视电话会议、数据通信等。

卫星通信的特点是可靠性高,不受自然灾害的影响;电路设置灵活,通信集中时可随时分散;可实现同时多处接收,不同区间使用同一信道;卫星覆盖范围广,通信范围大。卫星通信可作为交通监控系统网络中信息传输发布的主要通信方式。

2）光纤通信

光纤通信指的是一种以光导纤维为传输媒介的通信方式。其特点如下:传输频带宽、通信容量大;信号损耗低;可避免电磁干扰;光纤直径小、重量轻;使用寿命长。同时光纤也存在一些不足之处,如分路、耦合较复杂,对切断、连接技术要求较高,机械强度低等。

随着现代科技的发展,光纤通信技术不断完善,其在交通监控系统中的应用已经十分普遍,如高速公路交通监控系统通过采用光纤通信实现了有线信道的建设,并以高速公路管理局为指挥中心,组建了高速公路交通监控网。

3）微波通信

微波通信主要指地面微波通信,利用分米波、厘米波和毫米波的无线电波作为“载波”发送信号。按照传送信号的不同,可以分为数字微波通信和模拟微波通信。其中数字微波通信由于传输速度快、传输容量大,近年来应用较为广泛。

3.信息处理

在交通监控系统中,监控中心主要完成对信息的处理,并作出指挥调度指令,主要应用图像技术、数字信号处理技术等,此类技术与信息类型相关,详见本章第三节。下面介绍信息处理完成后,监控中心发挥的作用。

1）信息实时显示

交通信息采集完毕后，按照信息分类进行预处理，得出当前区域道路交通、气象及环境状况，处理过的数据以文字、数字和图片的形式显示在监控中心的服务器端。

2）信息存储

指挥中心应对采集到的海量数据进行自动分类存储，将所有原始数据分析得出的结论以图形或者表的形式显示或者打印出来，供查询和整理使用。查询时可按需要，调阅相应的图片信息，还能够快捷地找到公路中可能存在的安全隐患，及时制订修正措施。

3）监控预警

当交通状况临界饱和状态和发生交通阻塞，气象、环境状况达到设定的限值时，指挥中心系统中的监控模块将产生报警。监控工作人员提出相应的控制策略，如限速、路段情况提示、告警等相关信息，实时调整路网或路段的交通流量，有效缓解路网的通行能力；并提示驾驶员注意行车安全，或通知关闭相应的车道。告警信号产生的同时，一旦出现异常情况，就会通过视频监控模块控制摄像机云台，将相关情况报告给监控中心，实现快速的应对。

四、交通监控系统应用

交通监控系统的主要应用是电子警察系统（图7.9），其学名为交通状况监视器，又称"电子眼"，是将现代计算机控制技术、计算机通信技术、视频技术、电磁感应技术、数码相机设备、视频记录等技术运用到道路交通管理的一项新型技术。

电子警察系统是通过自动检测和测量技术捕获交通违法行为，实时记录交通状况，并将交通信息传输到监控中心。主要功能是抓拍逆行、变道压实线、违规停车等行为，一般在马路的一侧或者是主路、辅路相互进出的路口。

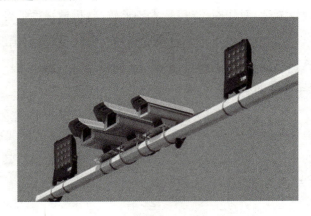

图7.9 电子警察系统（电子眼）

1. 电子警察组成

电子警察由图像检测（车辆感应）、图像拍摄、图像采集、图像处理、信息传输、信息管理以及辅助光源、辅助支架和相关配套设备等几个部分组成。

1)图像检测部分

图像检测部分在系统中起车辆感应的作用,主要设备有:①环形线圈检测器;②视频检测器;③超声波或微波(雷达波)检测器;④红外线检测器等几种。

2)图像拍摄部分

图像拍摄部分在系统中起实时抓拍图像的作用,主要有照相机和摄像机。其中照相机采用三百万以上像素、可变焦、自动光圈以及白平衡调整的专业数码相机。但由于照相机实时性、连拍续传能力和环境适应性较差,一般多用于交叉路口的闯红灯车辆抓拍和人工流动拍摄等场合。摄像机采用高清晰度、低照度、高信噪比、动态抗逆光与强光抑制、背景光自动补偿、白平衡自动调整等功能的快速工业级摄像机,配套采用大孔径、可变焦、大光圈、快速自动光圈调整的专业光学镜头,有效图像抓拍率高。

3)图像采集部分

图像采集部分即将模拟视频图像数字化,通常采用多路视频图像采集卡。其工作原理:将多路模拟视频图像经过多路切换器、A/D变换器以及裁剪、压缩编码后变成数字视频信息。

视频压缩编码方式主要有:MJPEG、Wavelet(小波变换)、MPEG-1(如 VCD)、MPEG-2(如 DVD)和 MPEG-4 等几种。国内交通监控系统中常用的是 MJPEG 和 MPEG-4 两种方式,两者具有压缩率高、系统资源总帧数大、传输速率要求低、单卡可支持多路视频压缩的特点。其中,MPEG-4 方式压缩率更高,系统资源总帧数更大,信息传输速率要求更低,且可支持交互式 AV 服务以及远程监控,适应性更强、可扩展性更高,是主流的视频压缩编码方式。而 MJPEG 方式压缩率很高,信号质量损失较大,系统资源总帧数比 MPEG-4 方式的小,成本低廉,现实中也经常使用。

4)图像处理部分

图像处理部分在系统中起控制、图像识别、存贮与管理的作用,包括控制主机和系统应用软件两个部分。控制主机采用高速、大内存、大容量镜像硬盘等高性能工业级控制机或 DSP 机,以满足多路图像的捕捉、识别、压缩、存贮、比对、报警、传输和故障自诊断与管理等实时多任务、多进程的操作要求,同时尚需预留适宜的扩展与升级余地。系统应用软件通常包括 Windows 或 Linux 或 Unix 操作系统、图像模糊识别(主要是车牌识别软件)与信息管理软件。控制主机的配置和操作系统合适与否直接决定了系统的性能、稳定性与可靠性的好坏。

5)信息传输部分

信息传输部分在系统中起信息传递与交换的作用,包括本地和远程传输。本地信息传输部分主要包括检测信号线、视频信号线、网络信号线、网卡以及交换机或集线器等,主要功能是确保系统正常运作。远程信息传输部分主要有有线和无线介质两种,其是实现系统远程监控、维护与报警以及信息共享与综合利用的基本保障。

6）信息管理部分

信息管理部分在系统中起信息的汇集、存贮、查询、统计、交换、备份、打印、嫌疑信息的自动比对与实时报警、系统故障自诊断与管理和远程监控、远程维护与远程报警等诸多重要作用，包括中心主机和管理软件两部分。其中中心主机通常要选用高性能工业级控制机或 PC 服务器；管理软件部分是建立在 Oracle 或 MSSQL Server 或 Sybase 等大型数据库基础之上的系统综合管理与应用软件。信息管理部分是交通监控系统实时监控、自动报警、联网交互的关键。

7）辅助光源

辅助光源在系统中起辅助照明的作用，有助于提高抓拍图像清晰度。通常有：频闪照明灯，如闪光灯；连续照明灯，如路灯和其他冷、热光源等。闪光灯光线集中，光照强度大，照明时间短，适用于抑制夜间车辆前照灯和突显反射车牌，如使用不当可能使行驶车辆中的驾驶人目眩，影响道路安全，通常用于夜间或光照不良的情况下，对路口闯红灯车辆进行抓拍，使用范围受限。

辅助光源的电源应当与图像检测及拍摄等装置的电源相对独立，通过自动测光的方式由控制主机自动控制在夜间或白天光线不足时打开照明，白天光线充足时关闭照明。辅助光源是光线不足时正常工作的保障，对交通监控系统的正常运行意义重大。

8）辅助支架

辅助支架用于安装、固定摄像机或照相机和辅助光源等。常见的有：龙门架，悬臂架，立柱，移动式安装支架。辅助支架是保证交通监控系统正常运作的基础。

9）其他相关配套设备

在系统中主要起保证系统相关设备正常、稳定、可靠运行的作用。常用的有：长延时不间断电源，净化稳压电源，强、弱电防雷、设备避雷与接地装置，系统故障、违章或嫌疑信息和防盗等报警装置，打印机等。

2. 主要电子警察产品的优缺点

目前市场上常见的电子警察产品有以下三种：

1）光学相机电子警察

光学相机电子警察的系统简单、成本低、车牌拍照比较清晰、控制单元比较简单，通过电子闪光夜间补灯照片效果比较好，一台相机可以抓拍多个车道。但是它使用胶卷拍照，单次拍摄照片数量有限，需要人工更换、冲洗胶卷，后期成本高。

2）视频摄像机电子警察

系统由嵌入式计算机、图像卡、I/O 卡构成，可实现连续抓拍，照片可以传输，安装车牌识别软件以后可以自动识别车牌号码。缺点是在强光下摄像机无法识别红灯，如果遇到交通事故，无法提供有力的证明；夜间照片的效果比较差，会出现很多无效照片；在高温天气计算机很容易出现高温死机。

3)数码相机电子警察

数码相机电子警察主要有如下优点:像素高,拍摄的视频和照片较清晰;通过电子闪光补光技术,可实现夜间拍照,且夜间拍摄效果比较好;一台相机可以抓拍多个车道,产品成本比较低,且能够为违章行为提供有力的证据;采用嵌入式计算机控制,操作系统稳定,受外界环境影响小。缺点是定焦数码相机无法持续抓拍,可实现持续抓拍的单反相机价格昂贵;补光用的电子闪光灯寿命比较短。

第二节　城市交通诱导系统

一、交通诱导系统简介

交通诱导系统(Traffic Guidance System,TGS)作为智能交通系统中先进交通信息服务系统(Advanced Traveler Information Systems,ATIS)的重要组成部分,是基于电子、计算机、网络和通信等现代技术,通过各类诱导主体,包括 VMS、车载导航、互联网、手机、电台、电视台等,发布交通控制信息,引导交通流均衡分布,从而达到缓解拥堵、疏导交通的目的。

交通诱导系统的特点是从人、车、路、环境的综合协调出发,通过区域交通特点和实时交通信息处理结果,诱导交通参与者的行为来改善道路交通,减少车辆排队时间,防止道路堵塞,从而实现交通流在路网上的合理分配。

二、动态交通诱导系统

交通诱导系统经历了从静态系统到动态系统的发展过程。静态诱导系统使用记录交通状况的历史数据或者地理信息系统(数字地图)进行路线引导。为了反映实时的交通状况,基于现代通信技术的动态路径诱导系统(Dynamic Route Guidance System,DRGS)应运而生。

DRGS 运用了电子、计算机、网络和通信等现代技术,结合了 GPS、电子交通图、计算机和先进的通信技术。其不仅能够通过传统的交通诱导设备进行路径诱导,同时也能通过信息的无线共享方式使得车载计算机能够自动显示车辆位置、交通网络图和道路交通状况,还可根据出行的起始点向用户提供最优路径引导指令和丰富的实时交通信息,或者通过获得的实时交通信息帮助驾驶员找到一条从出发点到目的地的最优路径。

一般而言,动态路径诱导系统由以下四个部分构成:

(1)诱导资源管理单元:诱导资源管理是动态路径诱导系统的信息集成平台,主要功能是从各种信息源获得实时的交通信息,处理产生要发布的交通数据。

(2)交通信息采集单元:交通信息采集单元是动态路径诱导的信息基础来源,主要负责实时的采集道路交通相关的信息数据,为相关的交通业务提供基础的信息支持。

(3)通信单元:通信单元负责完成车辆和交通控制中心的数据交换。诱导资源管理单元通过通信单元向所有车辆不断发送路段行程时间、交通事件和相关的数据,每个车辆可以向诱导资源管理单元发回信息。

(4)诱导信息发布单元:诱导信息发布单元主要负责将诱导资源管理单元中共享的动态诱导信息传递至车辆驾驶员,驾驶员通过感知动态诱导信息,实现出行路径的优化选择。

诱导信息发布模块分为两个部分,一部分是为交通管理人员使用的内部信息发布,主要通过管理内网或专网;另一部分是为广大交通参与者服务的外部信息发布,采用户外交通信息情报板、互联网、智能手机、广播电视等。

可变信息板(Variable Message Sign,VMS),又称可变情报板,是一种随交通、道路、环境等状况变化而改变显示状态的交通诱导标识,用文字、数字、符号、图形或其中几项组合来显示速度限制、道路状况、交通条件、环境状况以及其他内容的诱导信息。

VMS是诱导信息的主要发布载体之一,为驾驶员提供与交通相关的信息与诱导,给驾驶员推荐更合理的出行路径,以期避免进入交通拥堵、交通事故的路段,提供一个安全、高速的行车环境。

三、交通诱导系统的设计

1.系统功能设计

为了实现智能交通的诱导,需要建立一个基于城市交通控制系统(Urban Traffic Control System,UTCS)的交通管理中心(Traffic Management Center,TMC)。TMC作为城市交通诱导系统的核心,通过收集交通信息,实现各交通子系统的信息共享与协调,实现路网出行的最优化。对于交通参与者,智能交通诱导系统主要有如下功能:

(1)在线驾驶人信息服务:主要为驾驶员提供实时的交通流状况、交通事故、建筑施工情况、公共交通时刻表、气候条件等信息,以便驾驶员选择最佳行驶路线。

(2)路径诱导服务:由动态车载诱导系统根据交通信息中心提供的实时道路交通信息及GPS设备得到的车辆定位信息,借助于电子地图,为出行者提供一条最优的行驶路径。

(3)出行前信息服务:为出行者提供在出行前的必要交通信息,并据此为出行者制订出行路线及出行时刻表以避开交通高峰时段,有助于提高道路的时间利用率。

2.系统数据流设计

交通诱导系统的数据处理可分为3个层次,分别是数据层、处理层和显示层。

(1)数据层:主要作用是接收交通检测系统传递过来的原始数据,并对这些原始数据进行校验解包并进行预处理。其数据库主要有:①交通数据库,存储交通原始信息;②交通状态信息库,存储处理过的交通状态信息;③数据处理模型库,存储处理交通状态信息时所应用的各种模型;④预案库,存放针对实时交通状况所应对的预案;⑤交通诱导信息库,存储各时段发布的诱导信息。

(2)处理层:首先将从交通数据库中调用的原始数据进行滤波处理,剔除不在设定范围内的数据;得到有效数据后,对其进行状态聚类;最后根据针对不同等级的道路进行状态预测,调用模型库中的预测模型,得到交通状态信息。

(3)显示层:主要对交通状态信息进行处理,形成交通诱导信息。

四、交通诱导系统应用案例

上海市通过研发的智能交通诱导系统,有效判断本市交通的基本情况,实现高效、智能的交通管理。上海市已在延安、南北、沪闵等高架道路和地面主干道路上装了电子眼,市内主干道路路面每隔三四百米铺设感应线圈,过往车辆的流量、流速和路面占有率等数据可实时传输给监控中心。"红黄绿"三色电子板实时为出行者显示交通拥堵情况,红色代表前方拥堵,行车速度在 20 km/h 以下;黄色表明前方拥挤,行车速度在 20~40 km/h;绿色代表前方畅通。电子板可以根据道路交通情况实时发布信息,提示出行者通过路段时间;当有交通事故时,电子板会显示"前方事故,请绕行"等标语,疏解交通拥堵,节约出行时间。

1. 信息采集

专业交通信息管理系统在其实施区域内设置信息采集设备,实时采集区域范围内的交通数据和视频图像信息。上海市中心城区交通信息系统项目采集的手段主要包括:

(1)在高架道路上安装环形线圈交通参数检测器,实时采集交通流数据(交通流量、速度、占有率等),采用光纤自愈环网将信息传输给监控中心,保证系统安全可靠运行。

(2)通过摄像机监视高架上交通状况,实现了高架道路全线覆盖。

(3)从桥隧监控分中心接入桥隧的交通数据信息。当桥隧发生重大交通事故时,快速路监控中心在接收到信息后,结合相关快速道路的交通信息,形成整体的交通状态信息。

(4)从 SCATS 交通信号控制系统中采集交通流、信号配时等相关信息,充分利用了 SCATS 检测设备。

(5)在部分主要干道上,安装了视频车辆检测器和车辆牌照自动识别装置,补充交通数据的采集,并利用车牌自动识别技术估计行程时间。

(6)利用外场路口摄像机,对道路上的交通流情况进行视频监视,实现了地面主要干线道路及其路口基本覆盖的交通信息采集。

2. 信息处理

信息处理主要是对道路交通数据信息综合分析处理,自动检测道路交通拥挤和交通事件,预测行程时间。上海市中心城区道路交通信息系统的核心交通信息处理技术包括：

(1) 快速路采集数据的预处理(数据合法性检查、数据修补与恢复、数据的标准化)。

(2) 基于快速路交通信息采集条件的交通状态(畅通、拥挤、阻塞)和交通事件自动检测。

(3) 基于快速路交通信息采集条件的行程时间预测。

(4) 交通信号控制系统采集数据的预处理(数据合法性检查、数据修补与恢复、数据的标准化)。

(5) 基于交通信号控制系统采集数据的地面道路交通状态(畅通、拥挤、阻塞)自动检测和行程时间预测。

(6) 基于车牌自动识别技术的行程时间预测。

3. 交通诱导信息发布的形式

交通信息可变情报板是信息发布的重要渠道，在上海的信息发布范围已经实现了在高架道路全面覆盖、地面道路部分覆盖。通过不同类型的可变信息板实时动态地向驾驶员提供交通信息，主要包括道路交通状态信息(畅通、拥挤或阻塞)、交通事故信息以及关键道路节点间的行驶时间信息、交通管制信息等。交通诱导主要包括如下形式：

1) 总体诱导

在高架道路的主线上安装大型可变信息板(L型)，通过图形形式向驾驶员提供前方快速路网相关路段、交通节点的交通状态信息，便于驾驶员选择行驶路径。如图 7.10 所示。

图 7.10　基于大型可变信息板(L型)的总体诱导

2) 局部诱导

在高架道路主线上的出口匝道上游设置中型可变信息板(M型)，配合文字信息发布前方主线路段、下匝道和立交的交通状态，给驾驶员足够的反应时间。如图 7.11 所示。

图 7.11　基于中型可变信息板(M 型)的局部诱导

3)行程时间发布

在 M 型可变信息板、A 型(文字型)可变信息板上发布到达指定地点的预测行程时间。如图 7.12 所示。

图 7.12　基于文字性可变信息板(A 型)的行程时间发布

4)针对交通事件的交通诱导

在发现交通异常以及交通管制时,发布指令性诱导文字信息以改变交通流分布,防止交通堵塞。如图 7.13 所示。

图 7.13　针对交通事件的交通诱导

5）入口匝道状态信息的发布

通过布设在地面道路上的小型可变信息板（S 型），发布入口匝道的状态，并根据其布设相对入口匝道的距离，分时序发布，配合匝道控制和入口匝道流入调节。如图 7.14 所示。

图 7.14　入口匝道状态信息的发布

第三节　交通参与者监控系统

一、驾驶员监控系统

在"人-车-路"动态系统中，驾驶员作为唯一的能动因素，其生理状况和驾驶行为会直接影响道路交通运行状态。在驾驶过程中，驾驶员根据道路信息及车辆运行状况实时地改变车辆运行，具体表现为驾驶员对车辆所实施的驾驶操作行为。不良的驾驶行为是重大交通事故的诱因之一，许多不良驾驶行为主要是由驾驶员的驾驶疲劳引起的，因此对驾驶员进行实时监控是十分必要的。

驾驶员监控系统（Driver Monitoring System，DMS）是基于驾驶员面部图像处理来研究驾驶员状态的实时系统。其工作过程如下：首先挖掘出人在疲劳状态下的表情特征，然后将这些定性的表情特征进行量化，提取出面部特征点及特征指标作为判断依据，再结合实验数据总结出基于这些参数的识别方法，最后输入获取到的状态数据进行识别和判断。

DMS 的功能是对驾驶员的身份识别、驾驶员疲劳监测以及危险驾驶行为进行监测，并及时预警，能较好地提升智能驾驶安全等级，提高道路行驶安全性。

（一）驾驶员监控系统的监控范围

驾驶员监控系统工作主要从驾驶员的生理信号、个体特征以及车辆的参数展开。

1. 驾驶员的生理信号

驾驶员的生理信号主要有脑电（Electroencephalography，EEG）、心电（Electrocardiograph，

ECG)、眼电(Electrooculography,EOG)和肌电(Electromyography,EMG)等信号。

脑电信号包含着大量的大脑活动信息,是大脑对认知活动的客观反馈。脑电是由大脑皮层神经突触的电位活动形成的,与人的认知活动有紧密的联系。脑电会根据大脑的活动产生不同节律的连续变化,这些变化客观地反映了人的精神、思维和身体状态。驾驶员的脑电信号作为精神评估的指标时,主要用于对比分析不同交通环境、不同驾驶行为对驾驶员产生的精神差异。

相比于脑电检测系统,心电检测系统较为简单,电极配置更加灵活,尤其是近年来非接触式心电检测技术的发展,使得检测过程无须直接接触被测对象的皮肤,便可以检测到被测对象的心电信号。非接触式心电检测技术的发展大大扩展了心电检测的应用范围,为检测汽车驾驶员的心电信号提供了一种行之有效的手段。

2. 驾驶员的个体特征

驾驶员的个体特征主要包括瞳孔直径、眼睛特征、驾驶员行为等。人在清醒时,瞳孔直径保持相对稳定,而在瞌睡时瞳孔会缩小。因此,瞳孔直径的变化可作为判断驾驶员疲劳驾驶的一种评价标准,通过瞳孔测量计测量瞳孔直径随时间的变化来判断驾驶员是否疲劳驾驶。

眼睛特征主要包括眨眼频率、闭眼时间长度、眼睛闭合程度等。眼动信号,眼睑闭合度(Percent Eyelid Closure, PERCLOS),即"眼睛闭合时间占特定时间的百分率"。它是根据人在疲劳打瞌睡时眼睑运动频繁且眼睛闭合时间较长的特点,通过记录并分析驾驶员的眨眼频率和眨眼周期判断是否疲劳驾驶,测量原理如图 7.15 所示。

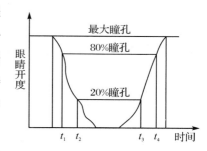

图 7.15 PERCLOS 测量原理图

驾驶员的行为识别属于人体行为识别的一种,是根据给定的包含人物的图像或视频画面,判断人物所做的行为。人体行为识别早期主要是依赖于手工提取特征(包括低阶特征和高阶特征),后来转变为使用神经网络来自动提取特征,之后转向研究动态视频的人类行为识别。在动态视频的人类行为识别领域,主要有 3D 卷积神经网络(Convolution Neural Network ,CNN)和双流卷积神经网络两种主流方法。

①3D-CNN:其原理为将二维的 CNN 扩展到三维,利用视频序列的时间维度信息,在多帧视频画面上进行特征学习,可同时利用视频序列的时间和空间信息。

②双流卷积神经网络:其基本原理是训练了两个神经网络,一个是以视频序列中的单帧视频画面的 RGB 图像信息作为输入,另一个则是视频序列中的多帧图像画面的光流特征作为输入,最后再将这两个神经网络的输出分别给予一定的权重进行融合,给出不同人类行为的识别概率。该方法由于创新性地引入了多帧图像的光流特征作为输入,大幅提高了视频中人体行为识别的准确率。

3.车辆的参数

根据车辆参数对驾驶员进行监控,主要是通过方向盘转动和车道偏离这两种车辆行为进行。这种方法具有成本低廉和实时性好的特点,但是在实际应用中,驾驶员操作习惯上的个体差异、汽车型号以及交通路况等因素都会影响其识别的精度。通过车辆的偏离情况可以实现对驾驶员驾驶状态的有效监控,判断是否出现驾驶疲劳、注意力分散等情况。其中,主要的应用是偏离预警系统,它通过车载的传感器采集车道信息来判定车辆相对于车道线的偏离程度。但是该系统比较依赖道路结构,且由于该系统是基于图像信息的,容易受到外界环境如光照的影响,抗干扰性较差,鲁棒性不足,误报率较高。

(二)驾驶员安全驾驶监控系统应用

随着计算机和集成电路技术的提高,对驾驶员安全驾驶监控系统的研究也在逐步发展,现有的研究成果中较有代表性的产品如下:

1)瞌睡预警系统

瞌睡预警系统(The Drowsy Driver Detection System,DDS),是一种基于 PERCLOS 算法,检测出驾驶员是否疲劳驾驶,并且发出预警信号的综合系统。其工作原理是通过雷达扫描瞳孔状况,并通过数据匹配来判断驾驶员疲劳状态,处于疲劳状态就会进行预警。

2)疲劳驾驶预警

疲劳驾驶预警(Driver Fatigue Monitor),是基于驾驶员生理反应特征的安全驾驶监控预警产品。其工作原理是通过红外摄像头获取驾驶员眼部信息,利用 PERCLOS 作为疲劳报警指标,可直接安装在仪表盘上,报警的敏感度和音量均可手动调节,目前已推广应用。

3)ASTiD 装置

疲劳司机预警系统(Advisory System for Tired Drivers,ASTiD)能够综合考虑驾驶员的睡眠信息、已完成的驾驶时长和类型,以及驾驶员的方向盘操作等,从而判断驾驶员的疲劳状态。汽车启动前需要驾驶员在该装置中输入自己过去 24 小时的睡眠信息。当系统判断驾驶员出现疲劳的迹象时,会激活声音和图像警报。

4)驾驶员警示系统

Volvo 汽车公司推出"驾驶员警示系统"来协助驾驶员提高行车安全。它可以实时监测车辆行驶中的运动状态,记录司机的驾驶行为,从而判断车辆是处于有效控制状态还是失控状态,在司机进入睡眠状态前及时启动语音警报给予警示。

5)gogo850

该系统是由中国单片机公共实验室南京研发中心联合南京远驱科技有限公司研发的安全驾驶监控系统,其功能主要是检测驾驶员的眼睛开合情况,尤其是增加了瞳孔的识别,即使驾驶员睁眼睡觉也会因为瞳孔过暗而被识别出来。该系统基于红外图像的处理,阳光、黑暗条件下都能识别,且还能对戴不同类型眼镜的驾驶员进行识别,适用范围广、实用性强。

二、行人监控系统

行人监控系统是智能交通监控系统的一个方面,是指通过监控系统将监视区域内的图像、视频传输回监控中心,实时地识别、定位监控视频序列中的行人。行人监控系统可与人工智能系统、车辆辅助驾驶系统、智能视频监控、智能交通等领域相结合,对于保障社会公共安全,提高交通管理水平具有重要意义。完整的行人监控系统一般包括行人检测、行人跟踪、行人再识别3个主要模块。

1. 行人检测

行人检测技术是指计算机通过分析获取到的视频图像,判断其中是否包含行人并检测出每个行人的具体位置,从而能够自动且智能地对视频进行监控。

传统行人监测方法主要从运动目标和人体特征的角度考虑。

1)基于运动目标的方法

该方法假设摄像机静止不动,利用背景建模算法提取出运动的前景目标,然后再用分类器对提取出的运动目标进行分类,判断其是否是行人目标。

其中背景建模方法的基本思想是通过前面的帧学习来得到一个背景模型,然后比较当前帧和背景帧,得到图像中的变化区域,即运动目标。常用的背景模型方法有 ViBe 算法、高斯混合模型、帧间差分算法、PBAS 算法以及样本一致性建模算法等。背景建模方法简单快速,但也存在很多问题:它的检测对象为运动目标,对于静止的目标无法处理;阴影以及光照变化对其影响很大;当背景与目标颜色相近时,将导致误检以及漏检;易受恶劣天气的影响,如雨雪天气;如果多个目标粘在一起并且重叠,则无法进行处理,原因是背景建模方法仅利用了像素级别的信息,而对图像中更高级别的语义信息没有进行充分利用。

2)基于人体特征的方法

该方法主要是从人体的形态特征考虑,常见的选取的特征主要包括:颜色特征、边缘特征、纹理特征等。在这类方法中,比较著名的且达到非常好的效果的一种算法,是基于方向梯度直方图特征和支持向量机(Support Vector Machine,SVM)分类器的行人检测算法。

方向梯度直方图是一种边缘特征,这一特征很好地描述了行人的形状、外观信息,对光照变化和小量的空间平移不敏感,具有非常好的鲁棒性。

3)基于深度学习的方法

在特定的条件下,基于背景建模和机器学习的行人检测方法可以取得较好的检测效率和精确度,但在实际应用中,这还远远达不到要求。而深度学习学习到的特征,不仅具有很好的鲁棒性也具有很强的层次表达能力,可以更好地解决一些视觉问题。

使用深度学习方法来处理行人检测时，一般来说会将其归类为目标检测的问题。目前重要的研究方向是将卷积神经网络（CNN）应用到目标检测中。区域卷积神经网络（Regions with CNN Features，R-CNN）的主要思想是，利用选择性搜索对图像中可能存在目标的区域提出候选框，然后使用 CNN 网络提取出候选框区域的特征，最后使用线性分类器判断是否存在某类物体并使用线性回归器对候选框的位置作出修正。以 R-CNN 为代表的一系列基于深度学习的方法的目标检测技术流程越来越精简，精度也越来越高，检测速度也越来越快，是当前目标检测技术领域最主要的一个分支。

2.行人跟踪

行人跟踪技术是指对一段连续视频中的行人目标进行检测，并完成关联操作，根据一定的关联因素对临近视频中的同一目标进行识别关联；完成对行人轨迹的跟踪，并且可以对行人的状态信息和运动轨迹进行预测。根据对不同场景的分析和研究，可以将行人跟踪问题分为单目标跟踪和多目标跟踪。

目前主流的跟踪算法可分为以下三类：

1）匹配跟踪法

指对上下幅图片中的行人属性进行提取关联，由于行人在图片中是一小块区域，可分为特征匹配法、区域匹配法、轮廓匹配法。

特征匹配法的主要过程是提取出不同视频帧中行人的特征值，根据一定的特征值，如梯度直方图、颜色直方图、哈尔特征等的相似度来判断。但由于行人是动态运动的，所以行人姿态、外部环境也会相应变化，特征值相识度的阈值设定对匹配的结果也是有很大的影响。

区域匹配法是依据图像分割技术分割出行人所在图像中的投影位置，并与下一帧的区域进行匹配完成对行人的跟踪。但其检测结果比特征值差。

轮廓匹配法，主要是在图像中分割出行人的外部轮廓，比较两幅图片中行人的轮廓形状，判定相似度，完成对行人的跟踪任务。其中较为有名的是 Snake 模型，该方法使用能量曲线定义轮廓曲线形变，期望能量函数最小化来得到最优匹配结果。主要的优点是一定程度地克服了行人在连续视频帧中，因柔性变化导致的轮廓变形而使相似度降低的问题。

2）滤波跟踪法

主要是依据相邻视频帧中行人所处的状态信息，如位置信息和速度信息等，建立起运动模型，通过模型中的行人平滑来对行人状态信息进行预判，再与上一帧的状态信息进行对比，从而完成行人的跟踪匹配任务。比较有名的滤波跟踪法有卡尔曼滤波法、粒子滤波法等。

卡尔曼滤波法就是依据模型的预测和真实值进行加权匹配，不断迭代匹配，完成对视频中的行人跟踪，但由于预测模型和观测模型都是线性的，不能很好地适应实际复杂环境。

粒子滤波法是对图形进行空间采样，将离散采样点定义为粒子，通过观测，调节粒子的权重以及分布位置,达到服从样本的真实样子。该方法的好处是可以很好地解决非线性的问题,但是同时增加了模型的运算量。

3)融合跟踪法

该方法是匹配跟踪法和滤波跟踪法的结合,模型具有更好的鲁棒性、更高的准确率,但同时带来的问题是大量的计算量。

随着深度学习的研究发展,目前在行人跟踪问题主要有基于递归神经网络和基于检测的跟踪检测方法。递归神经网络模型可以处理时间维度上数据的逻辑性和关联性,可以应用到对视频中行人的检测任务。通过递归神经网络对多目标行人进行检测跟踪时,需要在整个数据模型的时间维度上进行建模,需要大量的训练样本。而基于检测的方法只需要进行检测和特征关联。

3.行人再识别

行人再识别技术作为智能视频监控系统的关键技术之一,能够实现跨视图信息关联。其技术本质是使用计算机视觉技术确定特定行人是否存在于图像或视频序列中,即重新确认某一行人既定特征,该任务最初与多相机跟踪任务联系在一起。

行人再识别模型通常包括行人特征提取、特征转换、距离度量等模块。实际应用时,由于外界条件,如场景光照、摄像视角等影响,使得寻找鲁棒的行人再识别特征成为关键环节,主要包括如下特征:

1)低层视觉特征

常见的低层视觉特征:基于 RGB、HSV 等颜色空间提取的颜色直方图;Cabor 滤波器、局部二值模式(Local Binary Pattern,LBP)等纹理特征;尺度不变特征(Scale - Invariant Feature Transform,SIFT)等。

低层视觉特征通过颜色和纹理融合后作为特征描述子,一定程度上可以克服行人表观差异,但在实际应用中受外部环境影响较大,识别准确率会降低。

2)语义属性特征

所谓属性特征,即借鉴人类鉴别两人是否为同一个人的思路,匹配观测行人的表观特征。

语义属性特征可以更好地应对环境以及背景变化,但由于摄像设备的像素质量不高以及取像距离较远等问题的存在,计算机准确判断男女并进行描述的技术难度较大。

3)时间-空间特征

行人静止图像并不包含时间信息,时间-空间特征提取是基于视频帧提取行人运动信息,从而对行人进行再识别。常见的时空信息提取方法有基于步态信息、基于人体结构信息提取,利用了人体不同区域的空间直方图和区域协方差之间的空间关系。

时间-空间特征模型可寻求更加具有区分性的视频特征,但在实际应用时,时空特征容易受行人姿势、光照、行人数量等影响。从生物学角度分析,当行人数据集的规模逐渐增大时,行人行走姿势之间的相似性也会随之增加,从而限制时空特征判别性。

4)深度特征

深度特征提取即利用深度神经网络自动提取行人本质特征,它可以考虑中层语义特征的提取。与传统神经网络相比,深度特征提取具有无监督情况下准确感知高层特征的优势,该特点恰恰适应了行人视频监控中存在大量无标签数据的情况。然而大多数行人再识别数据集都只为目标行人提供两张可用图像,用来训练网络的数据不够充足;并且深度网络系统的参数目前仅仅通过经验来设置,若要应用到实际中,其中的参数设置等细节需要相关专家的指导。

复习 思考题

1.什么是交通监控系统?

2.交通监控系统的组成包括哪些?

3.交通监控系统中采用的信息采集技术包括哪些?

4.什么是交通诱导系统?

5.简述交通诱导系统的主要组成。

6.驾驶员监控系统的功能包括哪些?

7.简述行人视频监控系统的概念。

8.什么是行人跟踪技术?

第八章

智能公共交通系统

第一节　先进的公共交通系统

一、智能公共交通系统概述

美国、日本、英国、法国等国家都投入了较大的人力和物力，从事智能公共交通系统研究，并在国际上处于领先地位，且成果显著。自二十世纪八十年代以来，许多国家公共交通部门开始应用先进的信息与通信技术进行公交车辆定位、车辆监控、自动驾驶、计算机辅助调度及提供各种公共交通信息以提高公交服务水平。美国主要研究基于动态公共交通信息的实时调度理论和实时信息发布理论，以及使用先进的电子、通信技术提高公交效率和服务水平的实施技术。具体包括车队管理、出行者信息、电子收费和交通需求管理等几方面的研究。

日本东京都交通局在二十世纪九十年代开发了，城市公共交通综合运输控制系统。其公共交通综合管理系统包括累积运营数据、乘客计数、监视和控制公共汽车运营和乘客服务等功能。欧洲许多国家同我国一样具有悠久的历史，城市街道一般都比较狭窄。他们通过实施公交优先政策，设立公交专用道，为公交车提供优先通行信号，布设智能公交监控与调度系统等措施，提高公交车辆运行速度和公交服务质量以吸引公众乘坐公交车出行，从而有效地缓解了城市交通压力，解决了城市交通问题，并取得了明显的社会经济效益。

近年来，随着我国经济的发展，居民出行数量逐年增加，各大城市的机动车保有量随之迅速增加。随着车流量的增加，道路通行能力逐渐下降，公共汽车作为利用率最高的交通工具，在城市交通中占据非常重要的地位。但我国当前的城市公共交通发展已经不能满足居民出行交通需求，这就迫切需要构建智能公共交通系统。

智能公共交通系统将电子、通信、物联网、智能控制、GPS、GIS 等先进的技术集成到公交系统中，优化传统公交网络分配，实现智能化调度，以便于提高公交企业的运营效率和经济效益，同时为乘客带来便利。

智能公共交通系统由车载终端、智能电子站牌、无线通信网络以及监控调度中心四部分组成。车载终端不仅能够实现自动报站、车内温度显示功能，还能够实时统计乘客数量，并采集车辆的地理坐标。智能电子站牌通过数字化显示代替传统的站牌，包括了紫蜂（ZigBee）模块和显示屏。监控调度中心通过分析电子站牌发送上来的数据,分析车辆运行状态,实现智能化调度。通信网络用于实现各个环节的数据交互,包括了 ZigBee/GPRS/3G 等传输方式。当公交车到达一个站牌时,车载终端将上下车的人数信息和车辆经纬度信息通过 ZigBee 模块传送给电子站牌,由电子站牌转发给调度中心。调度中心通过实时分析、汇总收到的数据,完成对车辆信息的监控。调度中心应用先进的 GIS 技术,将车辆位置显示在电子地图上,与此同时,根据分析结果动态调度公交车。电子站牌接收到车辆信息后,由车辆的地理坐标计算出车辆与本站的距离,将其显示,以方便市民出行。

1)车载终端

车载终端部署在公交车上,包括安装在前后车门的传感单元和终端设备。通过光电计数模块完成上车乘客和下车乘客数量的采集与统计,终端设备完成 GPS 定位信息的采集、乘客数量的统计与计算以及与电子站牌的无线通信等工作。车载终端结构如图 8.1 所示。

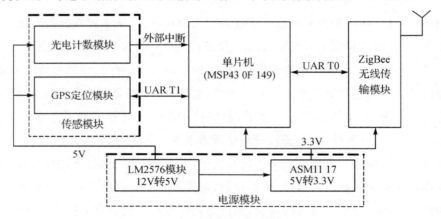

图 8.1 车载终端结构框图

2)智能电子站牌

智能电子站牌是由到站信息显示、乘客数量信息显示、环境温度显示以及通信单元组成。调度中心接收到车载终端发送的车辆信息(如乘客数量、故障信号、车辆位置、行驶速度等),将数据综合分析,再通过通信网络发给电子站牌,使等车乘客可准确获取车辆信息。如有突发情况,监控中心将及时通知相关部门,以便采取解决方案,保证公共交通畅通运行。电子站牌结构如图 8.2 所示。

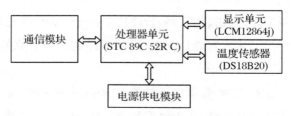

图 8.2 电子站牌结构框图

二、智能公共交通管理系统

伴随着国民经济的飞速发展,我国多数大型城市都面临着严重的交通阻塞及拥挤现象,这类现象已经严重地影响了城市的综合发展,不适应城市现代化发展的要求。根据国外城市交通发展的经验教训,优先发展公共交通是解决城市交通的根本途径之一。城市公共交通智能管理系统是现代化都市交通管理的重要组成部分,体现了一个城市的现代化交通管理水平。

智能公共交通管理系统的目的是,通过信息技术等对传统公共交通系统进行技术改造,从技术上落实公共交通优先发展的战略,提高公共交通系统的服务水平和管理水平,争取实现公共交通在城市客运交通中占有较大的运量分担比例,达到城市土地空间资源、能源的高效使用,保证公共交通系统的安全运行,提供高品质的客运服务。

1. 系统设计原则

目前我国城市公共交通系统中公共汽车、电车占主体,承担了城市 80% 以上的客运量,根据城市公共交通发展战略的重点与内容,城市公共交通管理系统的设计应遵循以下原则:

(1)系统的建设符合国家和交通部的政策与法规,标准和规范的要求。

(2)系统具有兼容性,应基于交通运输发展战略,且具有模块化的结构。

(3)建成的系统有升级的空间,综合公共交通系统的优化设计,以及城市建设、交通服务等系统的发展和设计。

(4)确保高质量的系统,充分利用网络资源,充分考虑城市交通和经济现状。

(5)系统是可行的,是高科技和经济的有效结合,应当能满足城市交通管理的实际需求。

2. 系统功能

在城市智能交通管理工作中,将保证交通安全作为主要目的,通过智能管理,有效改善城市道路的利用情况,提高利用率,提升公共交通运输能力,为公共交通使用人员与相关管理人员提供较大便利,进而构建城市公共交通信息服务平台。

通过交通管理系统的创建,对城市交通实行智能管理,可以有效提升管理效率,改善管理质量。智能公共交通管理系统对城市交通拥堵状况进行实时、准确掌握,为道路使用者与管理者提供高效服务。系统主要有如下功能:a. 公共交通信息采集系统及其它交通信息导入系统,采用多种信息检测技术和手段,采集点覆盖全面,及时、准确地采集道路上的交通流信息,为交通管理控制提供强有力的支持;b. 交通管理综合信息平台,主要实现交通信息共享和服务整合,为相关部门提供交通信息;c. 道路交通指挥系统,采用实时交通数据,对道路交通拥挤情况给出评估,进行智能化交通控制,协同联动各个子系统,保障道路交通的通畅;d. 交通事件管理系统,使用道路检测线圈,事故视频监控设备等,对道路交通事件自动检测,减少交通事故对动态交通的影响;e. 干线诱导系统,通过发布道路拥堵信息和交通信息,对交通流的分布进行优化,平衡交通网络压力；f.匝道控制系统，当快速路主线出现重大紧急事件或发生拥堵状况时，可自动开放或封闭快速路匝道进行全面管理；g.智能信号控制系统，强化道路信号控制，对控制系统进一步改善与优化；h.停车诱导系统，将周边停车场车位状况进行全面公布，提高车辆进入停车场的效率，进而有效缓解路面拥堵状况；i.道路交通指挥系统，根据系统检测的道路实时状况，对道路上的交通车辆进行实时的管理指挥，保障道路的畅通。

3. 系统结构

城市智能公共交通管理系统是在对公交系统优化的基础上，综合应用GPS技术、GIS及地图匹配技术、嵌入式系统开发技术、计算机网络技术、大型数据库技术、无线通信技术、电子技术、IC卡技术等先进技术，结合公交优化调度、公交运营优化与评价、交通流诱导等数据模型和理论的系统集成，基于实时信息获取与交互，形成集实时监控、智能化调度、信息服务于一体的先进的公共交通管理系统，旨在提高城市的整体形象和公共交通的整体服务水平。系统结构如图8.3所示：

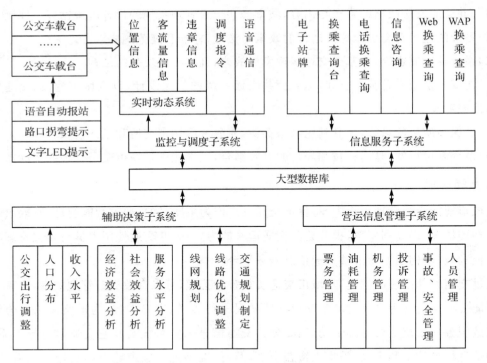

图 8.3 系统结构图

公交车载终端采用GPS、数据采集仪等进行位置、行车状态等数据采集，以GIS为操作平台，通过无线通信，在监控调度中心实现对公交车辆的实时监控和调度；通过电子站牌、公交换乘电话、手机App等查询等方式对车辆、线路的运行情况进行信息发布，方便市民出行；在对票务、机务、事故、行车安全等信息进行管理的基础上，进行经济效益、社会效益的综合评比，加强行车管理、降低运营成本,提高从业人员素质;结合客流量统计、公交出行调查、公交线网布局、站点布置等的综合统计分析,对线网规划、线路优化调整提供辅助决策支持。

系统主要分为四个子系统:

(1)监控与调度子系统。该子系统由车载台、无线通信服务器、监控调度中心等部分组成,通过车载台实现数据采集,通过 GPRS/CDMA 无线通信发送到监控调度中心,实时刷新车辆位置,存储车辆违法信息等。

(2)信息服务子系统。该子系统主要表现为电子站牌、换乘查询台以及公交换乘查询系统。

(3)营运信息管理子系统。基于 IC 卡对票务、机务、事故、投诉等信息进行单人、单车量化管理。按照行车线路、车队等进行统计分析,对车辆、线路、车队、分公司、公司等各个层次的经济效益、社会效益、服务水平进行统计、评比。

(4)辅助决策子系统。在对客流量、公交出行路线、人口分布、发车间隔、票价定制等信息进行综合管理的基础上,为管理者提供实时系统状态查询、历史数据分析服务。

三、公共交通信息系统

公共交通信息系统是由与公共交通服务有关的信号、数据、显示等构成的系统。它是面向公共交通使用者的交通信息系统,通过安装在公共服务区的信息查询装置或电子信息牌,提供实时新消息,包括拥堵状况、预估到站时间、换乘信息等。

1.系统特征

1)区域性

一个城市行政区划分的区域包含城市的中心区和与城市密切相关的周边区域。

2)覆盖性

一个城市的所有公共交通系统的交通信息,包括地下轨道交通设备信息系统、地面轨道交通信息系统、地面公共交通信息系统、城市空中交通信息系统、城市水上交通信息系统等。这些构成了一个城市的公共交通信息的集合。

3)指向性

城市公共交通信息系统的服务目标主要是,为该城市居民大众出行提供可选择的、准确的公共交通信息。

2.系统构成

公共交通信息系统包括静态公共交通信息和动态公共交通信息两大部分。

1)静态公共交通信息

静态公共交通信息是指能提供标准的、预定的交通信息。如公共巴士线路、行车时刻表、民用航空的航线航班时刻表、铁路列车客运时刻表等。静态交通信息的构成主要依赖于对资源的应用,并更多地显现出经济的考虑。交通计划、列车时刻表、发车间隔等信息绝大部分是在已有的数据基础上,采用较为经济的方法进行总结。例如:新开一条公共巴士交通线时,其静态信息包括始发站、终点站的位置,沿途站点的位置和数量,线路所配备车辆的数量、车型及发车间隔等。选择这些静态信息的主要依据是所投入的资源、客源的分布、交通网络的实际情况及历史数据或者是经验数据。

2)动态公共交通信息

指各种交通系统在实际运行过程中产生的信息。这类信息对市民大众出行有着更实际的作用,对一个城市的交通效率、交通调度有着直接和更实际的用途,对一个城市的交通有着更深远的影响。动态数据的来源是依据当时的状态,即依据某一特定区域人流变化的数据。这一数据随时间变化产生出一个数据序列,可有效地反映交通状态。对城市交通的管理者和调度者来说,动态公共交通信息具有实际意义。在人流变化时,合理地调配有限的资源,使城市交通更趋向合理化,确保城市交通畅通及有效,并使其产生更大的经济效益。

由于城市交通系统的特性和城市区域人流分布的多样性,在各种交通信息系统中,准确地获取动态交通信息是十分困难的。获取动态交通信息,是整个交通信息系统最重要也是最关键的环节。

3.系统数据信息需求

智能公共交通系统所涉及的基础数据主要有车辆信息、客流信息、路况信息等。

车辆信息:①车辆静态信息。包括线路车辆数、车辆载客定员等,这些信息由调度管理人员录入系统数据库内,并根据变化实时更新,是调度系统的基础数据。②车辆动态信息。包括车辆实时位置信息、速度信息、每辆车到达各站点的时间、每辆车离开各站点的时间、站间运行时间、站点滞留时间等数据。车辆的动态信息还包括车辆的运行状态,如图8.4所示为车辆实时位置信息图。公交汽车在运营中是否故障等情况都要及时地反馈给调度中心,以便在应对一些突发情况时采取有效措施。

客流信息:公交汽车车体客流检测,主要采集车辆在各个站点的上车乘客人数、下车乘客人数,以及车上的乘客数,从而获得各个时刻车辆的满载率。满载率是城市公共交通的一个重要参数,它不仅是公交调度的重要依据,也是反映公交公司运营状况的重要依据。

第八章 智能公共交通系统

图 8.4　车辆实时位置信息图

路况信息：现在城市交通的状况非常复杂，路况信息也是很大的影响因素之一。路况信息包括路阻、施工、事故、封路、天气情况等（图 8.5）。堵车、事故等情况时有发生，且难以预见，这将给公交调度系统正常运行带来干扰。为了提高调度系统的稳定性和抗干扰能力，要及时检测路况信息并传给调度中心。

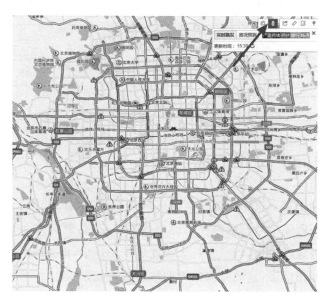

图 8.5　路况信息

4. 系统的关键技术

从通信角度来看,智能化城市公交信息系统的实现过程中,需要考虑以下几个关键问题:系统采用怎样的协议和硬件结构、传输数据采用怎样的信道接入、如何提高整个系统的可靠性等。相关的智能化城市公交信息系统的关键技术,包括:专用短程通信系统、信道接入技术、信道编码技术。

1)专用短程通信系统

专用短程通信系统(图8.6)是一种在智能交通系统中实现路、车之间信息传输、交互的无线通信系统,它由车载单元、路旁单元、专用短程通信协议以及后台计算机网络组成。专用短程通信系统作为一种无线通信方式,现阶段主要用于ETC系统中,具有传输速度快、受干扰程度小、有专用通信频段、安全性好等特点,可以灵活地将路边设备和车辆联系起来,实现路边设备和车辆信息双向实时传输。基于这些特点,专用短程通信系统在ITS领域中的应用范围非常广泛,除了ETC以外还包括车载标识、安全检查、车队管理、电子车牌号、交通网络性能监视、交叉碰撞避让、紧急车辆信号优先、商用车辆管理、运输车辆数据传输、货运管理、自动公路系统与车辆的通信、停车场收费和出入口控制等。据国外研究试验表明,运用专用短程通信系统可将高速公路上的安全车距从100m缩短到30m,这将大大提高高速公路的交通容量,缓解日益严重的交通拥挤问题。

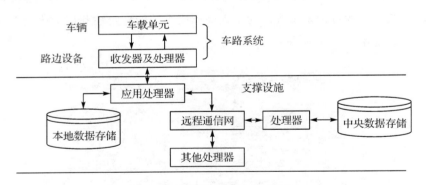

图8.6 专用短程通信系统结构

2)信道接入技术

在智能化城市公交信息系统中无线通信信道采用的是共享的广播信道也称为多路访问信道或随机访问信道。当若干个终端同时在信道中传输信息时,就会发生信息碰撞,从而使一次通信失败。为了有序地进行通信,以获得最大限度的成功通信,即提高吞吐量,就需要有某种机制来仲裁决定谁有权使用信道,这就是网络中的信道接入技术。

在相互竞争的用户之间,广播信道的分配有两种常用方法,即静态或固定分配和动态或随机分配。信道静态分配方法不能有效地解决用户数量的可变性和通信的突发性,因而应用不广泛。

3) 信道编码技术

考虑到实际应用中智能化城市公交信息系统所处的外部环境可能是在闹市区，周围各种电磁干扰比较严重，因而提高整个系统通信的可靠性显得尤为重要，这就需要在系统中应用信道编码又称纠错编码、差错控制技术。

信道编码的基本做法是在要发送的信息序列附加些监督码元，这些多余的码元与信息码元之间以某种确定的规则相互关联约束。接收端按照既定规则检验信息码元与监督码元之间的关系，一旦传输过程中发生差错，则信息码元与监督码元之间的关系受到破坏，从而可以发现错误，乃至纠正错误。

5. 系统总体结构框架

智能化城市公交信息系统主要包括三个部分：公交车辆信息记录仪（简称车载仪）、信息传输通道、数据控制中心。安装在公交车上的各类传感器如车速、刹车、前后开门等通过 DB-25 芯连接电缆将公交车运营过程中的各类信息传送到车载仪，从而完成公交信息的采集。然后系统选择不同的传输通道，将车载仪内保存的信息传送到数据控制中心的计算机。最终，信息在数据控制中心的计算机中经过处理和分析可自动生成表格或图像，公交公司管理决策人员可以调用数据库中的数据并将结果显示在计算机屏幕上或打印输出，完成公交车队的自动化管理。

信息传输通道分两种：人工卡方式和无线传输方式。图 8.7 中的 A 和 B 表示无线传输方式，C 表示人工 IC 卡方式；图 8.7 中虚线表示 A、B、C 不同时连接在系统中，根据系统的工作方式选择其中的一种单独使用。

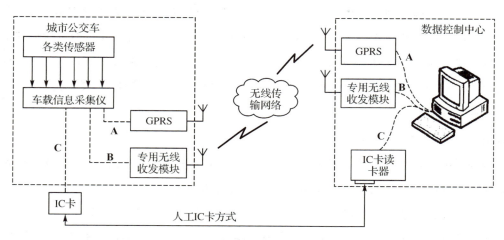

图 8.7 系统总体结构

四、公共交通智能调度管理系统

公共交通智能调度管理系统对城市公共交通车辆合理优化配置，有利于交通资源效率达到最大化。

1. 系统功能

该系统运用电子信息、数据通信传输和卫星定位技术等，综合运用到城市车辆管理体系中。调度中心可随时掌握车辆的运行情况，进行合理调度。系统功能具体表现为以下四点：

1）线路网优化

公共交通智能调度管理系统能够大量分析历史数据，利用线路网优化算法，提出城市的线路网优化方案。从而充分利用现有的城市公交基础设施，使车与车、车与路、车与乘客协调作用，提高公交车辆的营运效率。

2）行车计划优化

系统能够根据行车计划、线路的基本情况、车辆的信息、司乘人员的信息，自动生成每天的配车排班表。常规情况下，系统会按照编排好的计划表控制发车，同时也可以根据现场情况做出实时调整。系统自动纪录的实际发车时间、实际行车纪录又可以作为行车计划调整修改的参考数据，使得行车计划越来越合理。同时提供考勤表的历史查询功能以作比较，为调度员进行常规和现场调度提供参照依据。

3）行车模拟

基于行车计划和线路网优化，由系统提供行车模拟。仿真在新的线路网情况下，每个线路的车辆运行情况，测算出包括车辆载客率、满载率等 20 多种评价指标，供公司作为决策参考。

4）实时监控调度

通过控制中心调度、监控、指挥子系统，实现调度员对行驶中车辆驾驶员的现场调度、实时监控功能。该系统能够接收车辆定位数据，完成车辆信息的地图映射。其功能包括地理信息和数据信息的输入输出、地图的显示和编辑、车辆道路等信息空间数据查询、GPS 定位数据的接收和处理、GPS 数据的地图匹配、车辆状态信息的处理显示、发车预报、公交车实时监控、意外情况的报警处理以及车辆运行数据的保存及管理等。

2. 智能调度模式的构建

原始调度模式存在的弊端主要体现在以下几个方面：行车计划难以执行；车辆调度过多依赖经验值，及时性差；人工调度操作烦琐、劳动量大；人为因素过多参与调度；考核标准不规范；虽然有大量公交调度数据，但数据的深层次挖掘分析难以实现。

在充分考虑并分析原始调度模式存在的弊端基础上，技术人员提出了智能调度模式，其实现原则及指导思想是以实时数据和历史数据作为系统的支撑点，行车调度更加灵活。其中，均车操作更多地依赖实时车辆反馈信息，可以达到当圈均车，时效性更好；公交调度更多地借助计算机实现自动调度，减少公交调度人员的数量和个体劳动量；公交调度人为因素大大降低，更多地依照公交公司的营运指标进行调度；驾乘人员考核标准更加详细，实时数据支持的力度更大。

通过智能调度模式,对公交营运数据进行挖掘,可量化营运指标,达到公司利益最大化。

1) 新旧调度模式对比

从新旧调度模式的对比(图 8.8)中可以看出新调度模式更加注重数据的记录与分析,大大减少了人工工作量,智能化程度更高,且规范科学。

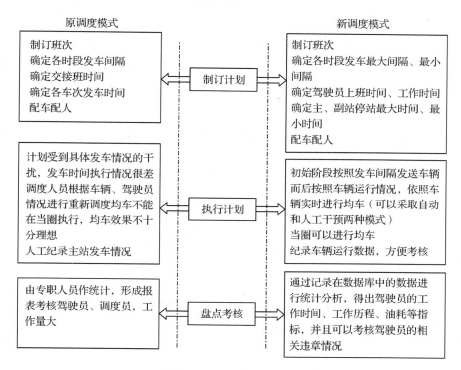

图 8.8　新旧调度模式的对比

2) 智能调度模式的实现及解决方案

(1) 均车调度逻辑分析,主要体现在发车间隔采用了优化算法。

(2) 线路上车辆运行周转时间计算方法,依据高低峰时段划分为以下两种方法:高峰时段周转时间计算法和低峰时段周转时间计算法。这两种方法主要在主副站的停车时间的确定上有差异。高峰阶段,在保证出车率的情况下,不仅要增加车辆,更需牺牲较多的停站时间,来确保高峰出车率。在低峰阶段还要考虑交接班、末班车等因素,来限定主副站停站时间。同时参考线路上运行车辆的实时数据,对车辆的发车时间进行实时修正。

(3) 优化计算所得发车间隔发车。当我们以分钟为基准单位计算发车间隔时,计算所得的发车间隔会出现小数的情况,而通常我们的发车都是以分钟为基准单位,那么我们需要将发车间隔进行优化。

(4) 异常情况处理。实时调度过程中,经常出现车辆故障、驾驶员不出勤等特殊情况。这些情况主要涉及车辆的出队和入队问题。

出队、入队处理：新的调度模式不是照搬原始行车计划发车，而是以时间间隔为基准进行车辆调度，同时依据均车实现逻辑，可以确保将出队、入队引发的发车间隔分配到当圈运行的每一辆车上，继而达到有效均匀的目的，减小对公交营运调度产生的影响。

入队原则的设定：a. 依照班次法，这是目前通常的做法，如果车辆正好到达车站、恰是它的班次而且调度员将它发出，那么车辆的利用率还是能够达到最大化的；而通常由于驾驶员、调度员的人为因素干预，出现不及时到站、不发该车次等原因，造成车辆利用率不高。b. 随到随发法，该种方法可以提高入队车辆的利用率，而通常会打破原班次的执行，导致入队车辆后的局部发车车辆间隔变大，车辆入队后仍要进行均车逻辑实现。c. 人工干预，通过调度员的调度经验，可以人工干预出对车辆的入队发车。

(5) 智能调度模式下交接班的处理。在高峰期，由于路面状况较复杂，通常会导致车辆平均速度减慢，导致上下行时间增多；而当高峰过后，车辆的平均运行速度又增加，导致上下行运行时间减少，我们用环去描述这种状况（图 8.9）。

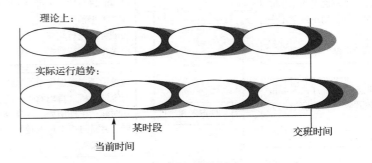

图 8.9 智能调度系统交接班的处理

在高峰过后，需要对车辆发车间隔进行调整，满足交班要求。我们将这部分调整放在高峰过后的第一班次开始执行，用一个大时间段来完成交班。

3) 考核、考察依据的制订

(1) 驾驶员准晚点的考核。在传统调度模式下，驾驶员的考核通常按照运行周转时间（相对较固定）采取快 1 慢 2 的模式考核。这种考核方式通常导致如下几种运行状况：①驾驶员在上行阶段运行速度较快，而下行时速度放慢，以求得准点到达；②驾驶员在上行阶段运行速度放慢，而在下行的过程中不断加速，以求争取到更多的乘客，通常这种情况发生在一整条线路上。通过分析发现，之所以对这些情况无法进行有效控制，是因为缺乏基础的数据支持和数据挖掘。在新的调度模式下，将积累更多的运行数据（运行速度、运行历程、运行时间等），通过对这些数据的分析整理，公交公司可以定制一套行之有效的考核管理办法。

(2) 调度员的考核。对调度员的考核，也有强大的数据支持。线路车辆运行均衡度、高峰车次数、高峰车辆停站时间等都可以作为考核的依据。

第二节　公交优先系统和快速公交系统

一、公交优先系统

(一)公交优先的概述

《中华人民共和国国民经济和社会发展第十二个五年规划纲要》中明确:"实施公共交通优先发展战略,大力发展城市公共交通系统",并提出将"城市建成区公共交通全覆盖"纳入国家基本公共服务体系,首次将公交优先发展战略上升为国家战略。

公共交通优先是指在城市发展规划中,把公共交通的建设、管理放在优先位置上,给予政策、资金、技术的多方扶持,使公共交通能以畅通的道路、良好的车况、纵横密集的线网站点,为公众出行提供更多、更快、更好的服务。为达到这一目的,就必须对公共交通予以优先行驶的相关特权,帮助其提高运行速度、时间和效率,使公交车能以价廉、快捷、便利的特点吸引乘客。公交优先的内容包括:

(1)道路使用权优先。设立公交专用通道。特别是大桥上,只要条件允许,就要设公交专用通道。

(2)优先保证合理的公交用地。根据客流和城市新旧城区不同道路条件,分时、分段、灵活多样地设置公交专用道:新建道路要同步设置公交专用道,尚未具备公交专用道的现有道路要根据条件划出公交专用道或改造设置大容量快速公交专用道;在城市客运交通走廊建设公交专用道或专用路,在城市客流量大的主要道路实施公交车优先车道;配合公交快速线网的构建,提高公交专用道的长度和密度,逐步覆盖主要客流走廊,连续成网。

(3)优先保证公交资金投入。车辆购置、站场建设、公交一线人员工资、居民乘车补贴等都需要政府投入大量的资金。只有投入充分的资金,才能保证车辆的完好率,保证群众方便、快捷、舒适地乘车,才能不断提高公交员工的福利待遇,保证公交队伍的稳定。

(4)优先保证公交高效运营。要保证城市公共交通畅通,人员素质很重要。可招收大批优秀人才,经培训后充实公交一线,担任司乘、维修、调度和管理等工作。

(5)优先保证公交的换乘方便,形成以公共交通为主,个体交通为辅的城市交通格局。使用个人交通工具到达公共交通车站,将自己的交通工具停妥后,换乘公共交通进入市区的出行方式。停车到换乘的地点通常设在市区边缘的轨道交通车站,其目的是减少市区的小汽车数量,充分发挥公共交通的作用,缓解市区交通阻塞。自行车与公交的停车到换乘可以更多地发挥自行车为公交短驳服务的功能,在一定程度上拓展公交站点的服务范围。

(二)系统的组成

交通运输的目的是实现人和物的移动,而不是车辆的移动。基于这一考虑,应对交通通行系统的资源进行合理的优化配置。公共交通优先通行的实质是改变当前城市交通系统资源分配中的不公平状况,并体现其经济合理性。公交优先系统是一个广义的概念,它不仅包含为公交车辆提供优先通行的基础设施,还包括相应的管理措施,以保障公交优先通行设施能够更好地发挥作用,实现真正的公交优先。

公交优先系统组成包括:

1)交叉口公交优先措施

车辆延误包括路段延误和交叉口延误两部分,根据理论计算和调查分析可知,交叉口延误所占的比例要远远大于路段延误。因此,公交车在交叉口的优先措施成了公交优先的关键环节。交叉口的优先包括公交进口道的优先和交叉口信号控制的优先。

2)路段公交优先设施

路段上公交车辆与其他车辆混行,会对公交车造成干扰,影响公交车辆的正常行驶。通常在路段实行的公交优先的方式有公交专用道和公交优先车道等形式。公交专用道是专供公共汽车行驶的车道,具有一定的排他性。公交优先车道是指在不影响公共汽车行驶的前提下,允许其他车辆使用的车道。

3)公交停靠站的超车设施

在公交车辆需求大的路段,提供一些允许公交车辆在停靠站相互超车的交通设施,可以减少车辆在一条车道内的排队延误和交通拥挤,尤其能够明显提高高峰时段公交专用道的通行能力和公交车辆的运营速度,同时也能保障大站线路的公交车(只停靠部分公交站点)的正常运行。

4)公交线路优化

对公交专用道(路)上的公交线路的优化包括:站距、站点位置、线路的互补性等方面。

5)相关道路交通管理

对相关道路实施配套的交通管理措施,规范进出交通流的行驶与停放,能够保证公交专用道(路)充分、有效地发挥功能,也是保障公交优先通行系统顺利实施的重要手段。

(三)公交优先系统的运行

1)公交优先系统的运行机理

如图 8.10 所示,公交优先系统的运行机理:悬挂在公交车专用通道上方的普通车辆感应器,当普通车辆运行在公交专用通道时把信息传给调度中心,同时通知警告板,显示"公交专用车道禁止通行"的警告。调度中心根据公交车辆的速度和车辆运行的时间,以及在 ITS 中心查询到的下一个路口红灯时间,建议车辆运行速度,可以使车辆连续通过几个交叉的绿灯。如果不能通过时,公交车有误点可能,调度中心可以向交通信号中心申请公交优先信号。

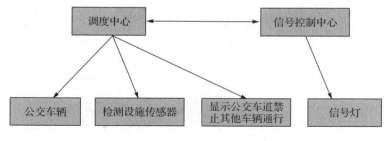

图 8.10 公交优先系统的运行机理图

2) 公交专用车道监控

监视是否有非公交车辆进入专用通道,如有进入显示警告,会同时通知调度中心和交通管理中心。

3) 公交车辆优先运行

调度中心和交通控制中心配合,使行驶的公交车辆优先运行。操作包括计算车辆正常通过绿灯时需要的速度,和在特殊情况下发送公交优先运行信号。

(四)系统结构

下面重点介绍武汉公交优先系统。

1. 系统基本功能

要实现快速公交,最需要解决的问题就是保证信号优先。如何识别即将到达路口的公交车,并及时调整红绿灯信号呢?一般选择在快速公交车的车头位置安装有源 RFID 标签,在道路沿线红绿灯控制路口安装 RFID 车辆身份识别系统和信号灯控制设备。当公交车行驶至距路口 100~200 m 的地方时,路口的 RFID 读取设备就能采集到公交车的信息,信号灯控制设备会根据需要,适当延长绿灯的时间或是缩短红灯的时间。公交优先通行系统设备分布如图 8.11 所示。

(1) RFID 车辆身份识别系统与交通信号的联网区域控制配合起来后,就能准确定位车辆并迅速调整信号灯。在国外,通常采用红外线识别快速公交车,且只要识别到就强制优先。由于国内的路口比国外复杂得多,这种做法并不一定适合我国。采用基于有源 RFID 技术的城市公交优先通行方案,也是根据需要,在恰当的时候让公交优先,加大流量。如果是正点运行,系统经过判断则不优先;如果是晚点运行的,才会优先通过。例如,如果东西向车正点运行,南北向车晚点运行,则南北向车优先通过。

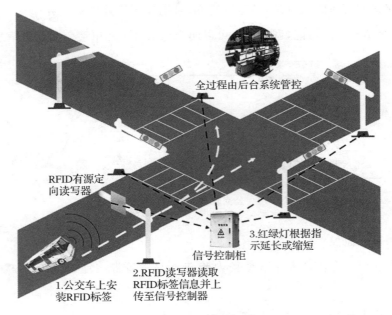

图 8.11 公交优先通行系统设备分布

(2)在车辆前挡风玻璃上粘贴防拆卸 RFID 标签。在十字路口四个方向的红绿灯前 20~30 m 安装有源 RFID 阅读器,阅读器斜对道路(扩大接收范围)。当公交车辆接近路口遇绿灯时,则适当延长当前的绿灯相位时间,保证车辆有充裕的时间通过路口。

(3)当公交车辆接近路口遇红灯时,则缩短红灯信号周期,减少公交车辆等候时间,尽可能减少公交车辆在交叉口延误的时间,保证城市公交车辆运行的快速与及时,最大程度地发挥其运载主体的作用。

(4)由于道路的情况复杂,很容易对标签卡的微波信号进行反射与衍射,为防止同一 RFID 卡号被多个读卡器读取到,从而导致对请求信号的误判,可通过软件设定一旦读到 RFID 标签卡信号,则后续读卡器在规定时间内(如 30 s)对此 RFID 卡号进行屏蔽。这样可以避免同一 ID 号被一条马路上的两台读卡器读到后,造成信息的误判。

(5)对多个信号的识别本着先识别先处理的原则进行处理。

2. 系统设计方案

此方案采用有源 RFID 标签来标识车辆,具有投入成本低、可靠性高、维护简便、定位精确等优点,安装实施简单。首先无须对现有红绿灯设备进行拆卸,只需在现有红绿灯基础上安装 RFID 读卡器及调整信号灯控制器软件就可实行。RFID 读卡器安装在离路口 20~30 m 的位置。为保证读卡器能识别车辆行进的方向,可将读卡器的读卡范围调节为只覆盖一条车道,每根车道安装一台读卡器。在每辆具有优先通行权的车辆粘贴相应的电子标签。车辆在道路上通行,标签数据会被道路上安装的读卡器实时采集。读卡器采集数据后通过线路连接到信号灯控制器,信号灯控制器软件接收数据后,进行后台处理,根据后台处理结果,控制信号灯的显示。

该公交优先系统(图 8.12)基于 RFID、GPS、视频识别等多种检测技术,根据交通路况对控制策略形成优化闭环。公交优先系统具有多种数据研判分析模型,可根据公交运行规律的聚类数据优化配时方案。

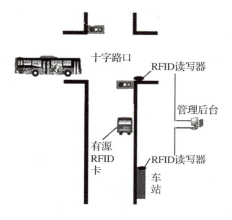

图 8.12　公交优先通行系统示意图

二、快速公交系统

1. 系统概述

快速公交系统(Bus Rapid Transit,BRT)是一种介于快速轨道交通与常规公交之间的新型公共客运系统,其投资及运营成本比轨道交通低,而运营效果接近于轨道交通。它利用现代化公交技术配合智能运输和运营管理,开辟公交专用道,建造新式公交车站,实现轨道交通式运营服务,达到轻轨服务水准。快速公交系统是一种独特的城市客运系统。

BRT 作为公共交通中的一种方式,其定义为:"一种灵活的、橡胶胎车辆的快速公共交通营运模式。它是由快速公交车站、快速公交车、服务、营运方式、智能公交系统等元素集成的系统。快速公交系统具有自己鲜明的特色,可以形成城市独特的形象。"简而言之,快速公交系统就是由人员、服务和各项相关措施集约而成的一个可以提升公交运营速度、可靠性和改善公交系统状况的一个综合公交运营体系。

从城市公共交通的角度来讲,BRT 最重要的目的是给予乘客优先权,而不是给予车辆优先权,所以 BRT 重视的是乘客的运送能力。在城市交通运输网络中,通过在主要的客运交通走廊给予公共交通车辆优先权来达到高水平的乘客运送能力。BRT 在"公交优先"策略的指导下,提供高容量、高频率的服务,从而达到接近轨道交通的服务水平。通过提高公交车运营速度,为乘客节省时间,比增加道路容量来满足小汽车增长的要求所需的成本小很多。

快速公交系统是利用改良型的公交车辆,运营在公共交通专用道路上,既保持轨道交通特性,同时又具备普通公交灵活性的一种大容量、便利、快速的公共交通方式。

BRT 的优势包括:

(1)成本低廉。BRT 系统的投资和运营都比轨道交通的投资和运营要低很多。BRT 公共交通的造价比地铁的造价低得多。并且 BRT 建设周期短,周期建设在一两年之内就能够完工。

(2)有较低的运营费用和居民出行费用。世界上许多轨道交通运营都是需要接受财政补贴的,但是 BRT 完全可以达到收入和支出的稳定。有的国家应用了 BRT,从运营开始就不需要接受政府的任何财政补贴。在国内推广 BRT,可以减轻政府的财政负担,也能够降低居民的出行费用。

(3)修建十分灵活。轨道交通必须在整个系统都建成之后才能够投入运营,而 BRT 系统在部分设施建成后就可以运营,十分方便。在建设过程中,可以采用分阶段和分路段建设的方法。

(4)能够充分利用现有的公交运营管理经验。BRT 的运营管理方法与公交大致相同。其线路运营、驾驶人员的管理,以及车辆维修等都能够利用现有的公交管理的经验,BRT 试运营只需要一周的时间,比轨道交通的运营要节省许多时间。

2.系统组成

为充分体现快速公交系统的"快、准、捷、廉"功能,快速公交系统需要有一个完整的系统装备,主要由六部分组成:

1)车辆

快速公交系统的营运车辆采用的是经过先进技术改良的公交车辆,其独特的外形设计充分展现出快速公交的先进性、现代化。在客流量较大的快速公交走廊选用大容量铰接车辆可提高整个系统的运送能力,同时也降低了系统的运营成本。

2)枢纽车站

快速公交系统的车站与枢纽设施应充分体现快速公交系统的交通功能以及与城市土地利用相结合的功能。交通功能主要体现在能为乘坐快速公交的乘客提供上下客并能够做到集中换乘,尽量减少乘客的换乘距离和换乘时间。

3)道路空间

设置全时段、全封闭、形式多样的公交专用道,为快速公交车辆运行开辟专用路权,既保证了系统运营的速度,又避免了与社会车辆混行所带来的安全隐患,降低了公交车辆发生交通事故的概率。

4) 线路与乘客服务

线路规划是建设快速公交系统的关键环节和重要内容,而为乘客提供高品质的公交服务是快速公交系统建设的最终目的。

5) 运营管理保障体系

运营组织机构和运营保障设施共同构成了快速公交系统的运营保障体系,即智能化的运营管理系统。该体系通过运用自动车辆定位、GPS自动报站、实时营运信息、交通信号优先、先进车辆调度等模块,提高快速公交的营运水平。

6) 票制票价与收费系统

主要包括票制、票价水平、特殊票价规定,运营收入分配机制、公共财政补贴机制等。

3. BRT 框架结构

1) 系统逻辑结构

系统逻辑结构如图 8.13 所示,各子系统都与智能集成管理平台有直接联系,并可通过其访问其他子系统。

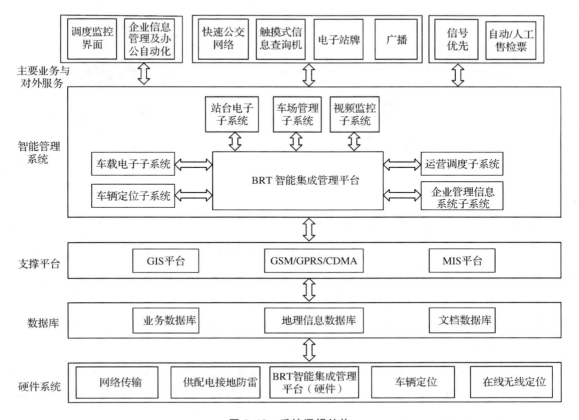

图 8.13　系统逻辑结构

2) 系统物理结构

系统物理结构如图 8.14 所示,智能系统包括网络传输子系统、运营调度子系统、车辆定位子系统、车载电子子系统、站台电子子系统、停车场管理子系统、信号优先控制子系统、场站视频监控子系统、企业管理信息子系统、智能集成管理平台等,为快速公交系统提供稳定、可靠的软、硬件支撑平台。

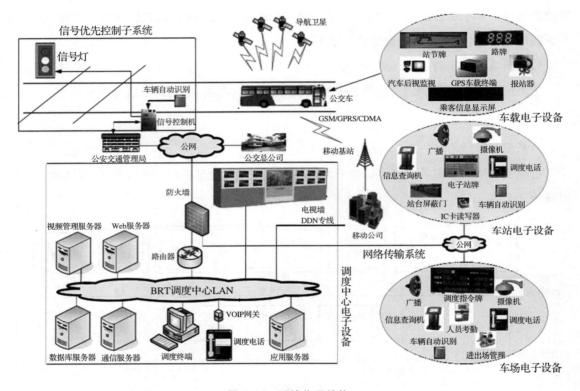

图 8.14 系统物理结构

(1)网络传输子系统。网络传输子系统的作用是在站台、停车场、调度中心之间传输监控图像,以及运营管理和信息服务数据。通过在专用道沿线建设专用通信网络或租用公网,以各种通信方式(无线/有线)连接各站台、停车场和调度中心。

(2)运营调度子系统。运营调度子系统的主要功能包括:①运营计划编制和修改;②车辆和劳动排班计划编制和修改;③司售人员签到和查班;④计算机辅助实时调度;⑤发布调度信息;⑥运营数据统计、分析、反馈等。

(3)车辆定位子系统、车载电子子系统。采用车辆自动定位技术、移动通信技术、车辆自动识别技术、数据库技术及地理信息系统技术,对运营车辆进行实时定位监控和信息沟通,为智能调度提供实时、准确的车辆和线路运行信息。

（4）站台电子子系统。站台电子子系统主要功能包括：①电子售检票及票务管理；②站务管理及紧急事件处理；③乘客信息服务；④车辆精确进站导航及站台屏蔽门控制。

（5）停车场管理子系统。停车场管理的功能在于协助运营调度管理系统。停车场管理系统应能够对车辆和人员信息进行管理，并对其进行调度，实现高效有序的停车管理。

（6）信号优先控制子系统。通过为快速公交车辆提供优先通行信号对其实现"信号优先"，使快速公交车辆通过道路交叉口时享有更大的通行权，以提高系统运行的可靠性和准时性。

（7）场站视频监控子系统。场站视频监控子系统能够使调度中心及时掌握车站、停车场、线路运行情况，并能够提供乘客集散、现场运营秩序及现场治安状况等图像信息。

（8）企业管理信息子系统。快速公交企业管理信息系统与智能系统的其他子系统紧密结合，实现信息流共享、业务流程化，资金流的有效运转，并向其他子系统提供数据存储与统计分析，辅助决策支持等管理信息服务。

（9）智能集成管理平台。智能集成管理平台不仅要提供包括信息管理、数据管理等整个智能系统的基础功能，还要实现对其他系统的集中管理，包括电子站牌的显示、有线广播的播放、触摸式查询机的信息查询、快速公交网站维护更新等。

第三节　公交智能优化评价系统

城市智能公交的优势需要靠评价才能体现。

智能公交管理体系的正常运行，必须依靠子系统对公交服务水平的监测。针对运行数据，评价子系统将反馈出大量动态、实时的评价数据，为公交智能调度子系统的车辆调度以及公交信息服务子系统的信息服务提供数据支持，为自动化管理和辅助决策提供依据。

在城市公交规划层面上，通过智能公交管理系统长期运营数据的积累，评价子系统可以对公交系统整体状况进行更深入、充分的分析，把握公交总体水平并找出公交系统以及智能公交系统存在的问题和成因，同时分析公交系统可能发挥的潜在能力，并进一步为城市规划、公交线网规划或者公交线路建设、调整提供依据。

在智能公交管理系统建设过程中，公交评价的数据可以作为系统设计的辅助工具，为实现智能公交管理系统的方案优化发挥作用。同时，可以通过项目建设前后公交服务水平的对比分析，评价智能公交管理系统的建设效果。因此智能公交管理系统亟待建立一套科学、实用的综合评价体系。

一、评价指标体系构建的目的

评价不等于决策，而是辅助决策的一种手段。评价为决策过程的参与者进行判断的现实依据和度量准绳。为了保证决策的正确性,评价工作应阐明所用假设和前提,规定评价分析的范围和可信度。科学的评价分析不仅依靠科学的评价方法与指标,更需要可信的数据资料。在明确了评价指标体系和评价指标方法以后,数据收集应与之相适应。评价的目的不仅在于探讨城市智能公交现有的发展水平,体现智能公交系统相对于传统公交系统的优势,更要将智能公交系统的新特征体现出来。智能公交系统的新特征包括:

(1)实时性:智能公交系统可以对公交数据(客流量、车速、司机驾驶情况及交通拥堵点、紧急事件等)进行实时的数据更新。因此新的评价可以针对公交系统进行更实时准确的评价。

(2)准确性:智能公交系统是基于大量的更新数据,并结合了智能 GIS 平台的基础数据进行分析再评价,而且能进行多源数据的挖掘。其与靠人力调查数据并人工处理,并且积累数据远远不够的传统公交模式相比,具有更高的精准度。

(3)灵活性:由于智能公交系统由多个子系统构成,有重要数据库和专业的 GIS 平台,可以根据评价需求分开提取数据,再进行专业的分析。具有较强的灵活性。

(4)针对性:智能公交系统的灵活性说明智能公交可以灵活地根据需求来选取相应参数数据,可以进行多维空间的数据分析。智能公交系统既可以单独对车辆、乘客、驾驶员的状况进行分析评价,也可以对特定时段(早高峰、晚高峰、节假日)进行车流分析,从而更加立体透彻地挖掘智能公交系统的特点,具有较强的灵活性。

二、评价指标体系构建的原则

为了对城市智能公交管理系统进行全面的评价,首先必须确定评价的指标体系。建立评价指标体系,首先要确定评价的指标,然后按照一定的规则方法,对城市公交状态进行全方位的综合评价。对智能公交管理系统进行评价,还需要充分结合信息技术、通信技术等特点,建立综合性的评价体系。

评价指标体系的建立应遵循以下原则:

(1)系统性原则:从不同的侧面反映公交的特征和状况。

(2)客观性原则:保证评价指标体系的客观公正,数据的选取、计算与合成必须以科学理论为依据。

(3)科学性原则:指标的选择、量度的确定、数据的采集和处理必须以科学的理论准则为依据。反映指标的数据来源要可靠、具有准确性,处理方法应具有科学依据。城市公共交通系统的指标应定义准确,能够量化处理。

(4)可比性原则:评价指标体系的设计,要求各项指标尽可能采用国际上通用的名称、概念及计算方法,使之具备必要的可比性。

(5)实用性原则:城市公交发展水平评价工作的意义在于分析现状,认清所处阶段和发展中存在的问题,更好地指导实际工作。因此,尽量选取日常统计指标或容易获得的指标,以便直观、简便地说明问题。

三、城市智能公交评价指标体系结构的建立

在确定智能公交系统的评价指标体系时,要考虑到不仅能全面反映评价的主体和目标,而且要求评价指标应比较容易获得,尽可能量化。由于智能公交系统评价的内容众多,涉及面太广,评价指标选取时考虑的因素也很多。下面将从智能公交服务水平(公众出行服务)、经济效益水平(企业管理)及社会效益水平(政府监管)三个评价层面上来进行评价:

1)针对公众出行服务水平的评价

建设城市智能公共交通系统,其根本目的就是为了更好地为出行者提供服务,从而引导出行者的出行行为,解决日益严重的交通拥堵及环境污染问题,最终创造有效的经济效应,使得公众、公交企业和政府达成和谐的局面。我国以往的公交系统评价主要基于静态服务能力的评价,忽略了公交系统的动态变化。智能公交系统对于服务水平的评价将更多地体现在实时、动态评价及根据历史数据进行的数据分析评价。

2)针对企业经济效益评价

城市智能公交能否具有优势,也体现在公交企业的经济效益上。先进的科技势必带来经济上的收益,这也是人们追寻高科技的动力之一。公交企业利用城市智能公交管理系统,在提高对公众服务的同时,势必也会提高企业的管理效益及经济水平。关于智能公交系统经济效益的评价,主要体现在企业的财务评价上。

3)针对社会可持续效益评价

城市公交智能化也是政府部门支持的政策,因为公共交通承担了一个城市的主要日常交通。落实"公交优先"政策,不仅方便乘客,改善公交企业运营效果,也是政府实行可持续发展政策的体现之一。

智能公交评价指标体系是根据城市公交系统制订的综合评价模型,以公交服务水平、经济效益水平与社会效益水平为子目标,对 20 多个评价指标进行分析统计(图 8.15),得出城市公交系统的综合评价,从而为城市公共交通的持续、稳定、健康发展提供决策支持。

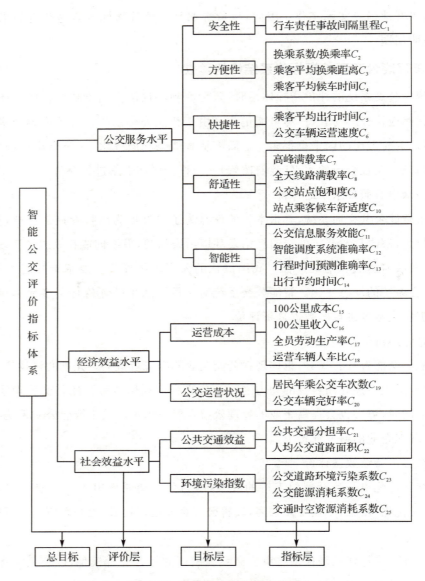

图 8.15　智能公交评价指标体系

复习思考题

1. 什么是智能公共交通系统？
2. 简述智能公共交通管理系统的设计原则。
3. 公共交通信息系统的特征包括哪些？
4. 什么是公交优先？
5. 公共交通优先通行系统组成包括哪些？

第九章 智能车路协同系统

第一节 车路协同系统功能与架构

一、智能车路协同系统的概述

道路交通事故造成的生命和经济损失十分巨大。研究智能车路协同技术具有重要意义。著名的"哈顿矩阵模型"(表9.1)展示了人员、车辆和设备、环境在碰撞过程的相互作用。被动防护与救援能够减轻车祸造成的伤害,但不能避免车祸。智能车路协同技术能够促进道路交通安全保障从被动防护转向主动预防,从而有效地避免车祸。

表9.1 哈顿矩阵模型

阶 段		因 素		
		人员	车辆和设备	环境
碰撞前	防止碰撞	信息 态度 损伤 交警执法力度	车辆性能 照明 制动 操控 速度管理	道路设计 道路布局 速度限制 行人装备
碰撞时	防止伤害	固定装置的 使用损伤	乘员固定系统 其他安全装置 防碰撞设计	道路两侧 防撞物体
碰撞后	生命支持	急救技术 医疗救助	容易进入车内 起火的危险	救援设施 交通阻塞

1.发展历程

21世纪初,车路协同概念在发达国家产生,为减少车辆驾驶中一些特殊场景的碰撞事故,以美国为代表提出了车-车通信(V2V Communication)技术。随后得到日本和欧洲各国高度重视,先后启动了研究计划。经过十几年的发展,基于车路协同技术的行车安全被公认为是继安全带、安全气囊后的新一代交通安全技术，基于此理念形成的示范系统有：美国 MCity、荷兰 ETPC、瑞典 AstaZero 及日本 Jtown 等。为加快车路协同技术的应用，美国密歇根大学、明尼苏达大学等提出并建立了针对智能网联汽车评价的硬件在环仿真测试环境。2015 年美国交通部在纽约市、坦帕市和怀俄明州 3 地启动了智能网联汽车测试。

结合新一代互联网和传感器网络技术，从获取人、车、路环境的全时空交通信息出发，我国科学家在 21 世纪初同步提出了车路协同概念，并于 2011 年得到国家支持，开始全面推进相关研究。2011 年科技部在"863 计划"中设立了我国首个车路协同关键技术研究项目，2014 年清华大学牵头的项目团队研发了智能车路协同集成测试验证实验系统。随后国家分别在上海、重庆等地建立了智能网联汽车测试示范区。继首个"863 计划"主题项目"智能车路协同关键技术研究"完成以来，我国又在"十三五"重点研发计划中设立了车路协同相关基础理论研究、关键技术研发及示范应用建设等多个项目，在基于车路协同的智能交通系统体系框架、多模式无线通信、交通环境协同感知、群体智能决策与控制、车路协同的自动驾驶和"五跨"（跨通信模组、跨用户终端、跨汽车企业、跨地图厂商、跨安全平台）互通互联功能集成等方面取得了整体国际先进、部分国际领先的卓越成果。

随着智能车路协同系统的进一步发展和推广应用，基于全时空交通信息的协同感知、融合和交互，实现车辆群体智能决策与协同控制，并推进基于车路协同的自动驾驶中国发展路线，已成为我国智能交通的战略发展内容。

2. 车路协同系统概念

车路协同系统：基于无线通信、传感探测等技术进行车路信息获取，通过车车、车路信息交互和共享，实现车辆和基础设施之间智能协同与配合，达到优化利用系统资源、提高道路交通安全、缓解交通拥堵的目标。

车路协同系统借助现存的所有无线通信模式，将包括交通参与者（人）、运载工具（车）及交通基础设施（路）在内的所有交通主体连接起来，提供全时空实时交通信息的采集、融合和共享。在此基础上，该系统借助智能决策与控制、大数据、人工智能和云边计算等技术，实现全景交通信息环境下的交通安全和管理上的协同，包括：交通环境协同感知、车辆行驶协同安全及道路交通协同管控等。基于 V2X 的智能车路协同系统的智能网联环境如图 9.1 所示。

第九章 智能车路协同系统

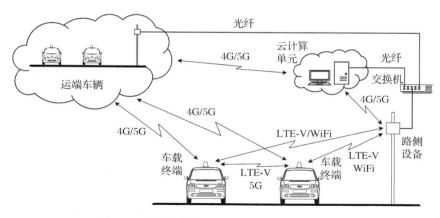

图 9.1　智能车路协同系统智能网联环境示意图

智能车路协同系统是智能交通发展的新阶段。将整个交通系统看作是交通参与者、交通工具、交通对象、交通基础设施及交通环境构成的有机整体，各交通要素间存在的功能交互构成了整个交通系统的功能域，其信息获取的广度、交互协同的深度及应用开发的丰富度均获得极大扩展。这种层次化和循序渐进的发展过程，使智能车路协同系统在很大程度上仍保留了传统智能交通系统的基本内容，但在内涵和外延上得到极大的丰富和拓展。车路协同的出现与应用，从根本上改变了人们对传统交通系统的认识与实践，其大规模应用和推广已成为现代道路交通系统发展的必由之路。车路协同系统是 ITS 未来的研究核心（图 9.2）。

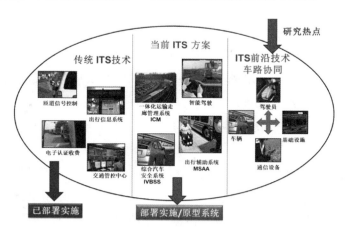

图 9.2　车路协同系统是 ITS 未来的研究核心

3. 应用领域

车路协同系统应用领域广泛，如图 9.3 所示。

图 9.3　车路协同系统应用领域

车路协同系统典型的应用场景包括以下内容。

盲点警告：当驾驶员试图换道但盲点处有车辆时，盲点系统会给予驾驶员警告。

前撞预警：当前面车辆停车或者行驶缓慢而本车没有采取制动措施时，给予驾驶员警告。

电子紧急制动灯：当前方车辆由于某种原因紧急制动，而后方车辆因没有察觉而没有采取制动措施时会给予驾驶员警告。

交叉口辅助驾驶：当车辆进入交叉口处于危险状态时给予驾驶员以警告，如障碍物挡住驾驶员视线而无法看到对向车流。

禁行预警：在可通行区域，试图换道但对向车道有车辆行驶时给予驾驶员警告。

违反信号或停车标志警告：车辆处于即将闯红灯或停车线危险状态时，驾驶员会收到车载设备发来的视觉、触觉或者声音警告。

弯道车速预警：当车辆速度比弯道预设车速高时，系统会提示驾驶员减速或者采取避险措施。

道路交通状况提示：驾驶员会实时收到有关前方道路、天气和交通状况的最新信息，如道路事故、道路施工、路面湿滑程度、绕路行驶、交通拥堵、天气、停车限制和转向限制等。

车辆作为交通数据采集终端：车载设备传输信息给路侧设备，此信息经路侧设备处理变为有效、需要的数据。

匝道控制：根据主路和匝道的交通时变状况实时采集、传输数据来优化匝道控制。

信号配时：收集并分析交叉口车辆实际行驶速度及停车起步数据，使信号的实时控制更加有效。如果将实时数据处理时间提高 10%，每年延误时间可减少 170 万小时，节省 110 万加仑汽油以及减少 9600 吨 CO_2 排放。

专用通道管理：通过使用附近的或平行车道可平衡交通需求，也可使用控制策略，如当前方发生事故时可选择换向行驶,也可改变匝道配时方案,利用信息情报板发布信息,诱导驾驶员选择不同的路径。

交通系统状况预测:实时监测交通运输系统运行状况,为交通系统有效运行提供预测数据,包括旅行时间、停车时间、延误时间等;提供交通状况信息,包括道路控制信息、道路粗糙度、降雨预测、能见度和空气质量;提供交通需求信息,如车流量等。

4. 车路协同系统功能

车路协同系统的基本目标是确保在任何时段、任何时刻能实时感知车路情况;确保在任何条件下提供必要的便捷优质交通服务;确保路网能够协调、畅通、安全和高效,最大限度减少事故和交通堵塞,提高道路通行能力。

车路协同系统基本功能包括:

(1)感知车辆、环境和道路信息。具体包括:实时感知车辆运行状态和驾驶状态;实时感知车外道路其他车辆、行人和周边物体的信息;实时感知和准确采集路侧车辆的位置、速度和交通流信息;感知或检测道路异常情况信息,如下雨、冰雪或大雾等天气。

(2)交通数据的传输功能如图 9.4 所示。

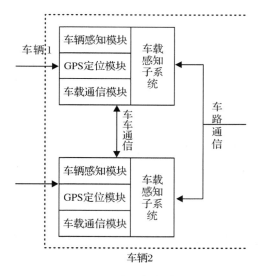

图 9.4 交通数据传输

(3)数据处理和智能决策。具体包括:对上传至监控中心的数据能够快速、准确地分析与综合处理;为制订合理的决策提供依据;根据车辆对车况、路况的感知信息,分析车辆运行状态;提供个性化服务和安全行驶服务。

(4)交通状态显示和交通异常预警或报警。

(5)信号控制与信息发布。内容包括:能够面向路网中的车辆,实时发布有针对性的预警信息,避免交通隐患;能够引导车辆快速通行,面向路网中的车辆实时发布道路交通信息;能够发布路况信息和交通控制的诱导信息等。

5.发展

美国分别于 2004 年、2005 年和 2007 年举办了智能车挑战赛,大大地推动了车辆智能技术的发展。美国的研究重点是通过避免碰撞和改善基础设施或是合作的安全系统来增强车辆安全;推进智能基础设施、智能车辆和控制技术的集成。

欧洲先后启动了欧盟道路安全行动计划和 PReVENT 项目等,并着手建立车路协同系统,目标是应用信息和通信技术改进道路交通安全,通过车车以及车路通信获取道路环境信息,从而更有效地评估潜在危险并优化车载安全系统的功能。欧洲的研究重点是将道路、车辆、卫星和计算机利用通信系统进行集成;远景是将各国独立的系统逐步转变为车与车、车与路、车与 X 的合作系统,实现人和物的移动信息互操作。

日本分别执行了智能交通、21 世纪交通管理系统等计划。其中驾驶安全支持系统是 21 世纪交通管理系统中的核心。日本的研究重点主要有两方面:一是依托各种先进的通信系统和车载系统,集成现有的应用系统,为出行者提供更加安全和便利的服务;二是通过车路协调改善道路安全。

从美国、欧洲和日本等交通技术发达的国家和地区的研究情况看智能车路协同技术的发展方向:车车/车路通信技术、车载安全控制技术、车路协同的信息共享。

二、系统功能和架构

1.智能车路协同系统架构

智能车路协同系统由以信息为核心的、提供不同层次功能的 5 层平台和 1 个支撑体系组成。智能车路协同系统 5 个层次的功能平台,从下至上依次为信息平台、交互平台、协同平台、保障平台及服务平台;分别完成不同层次下以信息为中心的层次化功能,即信息采集融合、信息交互共享、信息协同处理、信息安全保障及信息功能服务等。同时,智能车路协同系统通过制订统一的系统标准与管理支撑体系对接外部系统。智能车路协同系统结构如图 9.5 所示。

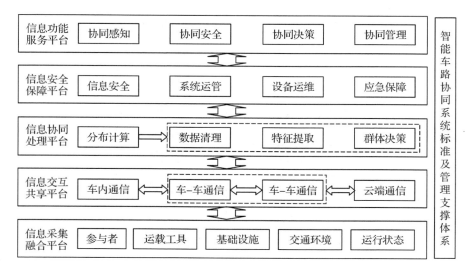

图 9.5 智能车路系统结构

智能车路协同系统的信息平台,负责完成所有交通数据的采集与信息融合;交互平台,负责完成所有交通要素间交通数据的实时交互和共享;协同平台,负责实现系统级的各类交通信息的协同处理;保障平台,负责完成系统感知层、网络层和应用层的信息安全管理;服务平台,负责支持系统所有功能的开发和实现;系统标准与管理支撑体系,则保证不同交通系统间的互通互联、信息交互、功能协同和服务集成。

2. 基于车路协同的 ITS 体系框架

智能车路协同系统成为道路交通系统的通用平台后,国家智能交通系统体系框架的用户服务、逻辑结构、物理结构及标准与协议须重新定义和设计,其中用户服务的调整是首要任务。智能车路协同的应用,使得道路交通系统进入高度信息化和智能化的发展阶段,也使系统的构建发生了一些根本性的变化。这些变化主要体现在:信息的动态获取和实时交互已成为交通系统的基础性工作,安全和效率越来越成为交通领域中不可忽略的主题,应急救援处理逐渐成为众多研究人员争相探索的热点,经济活动相关的客运及货运在交通运输中占据了相当大的比例。

于是,可以将智能车路协同系统作为道路交通系统的公共平台,同时,强调智能交通"安全""效率""环保"的主旨,将国家 ITS 体系框架中用户服务领域的交通规划纳入交通管理,将电子收费纳入运营管理,将车辆安全与辅助驾驶和自动公路合并后扩展为车辆安全与控制,将出行者信息扩展为信息服务,将紧急事件扩展为应急救援,并重点强调行人与非机动车安全。同时,可将原有的 8 个服务领域,重组为车辆安全与控制、行人与非机动车安全、信息服务、交通管理与规划、运营管理,以及应急救援 6 个服务领域,使原有的 34 个服务、138 个子服务调整为 26 个服务、94 个子服务。调整前后的国家 ITS 体系框架对比如图 9.6 所示。

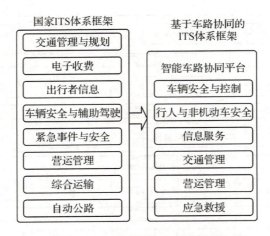

图 9.6　调整前后的国家 ITS 体系框架对比

三、系统关键技术

智能车路协同系统构建关键技术包括：多模通信技术、智能网联技术、信息安全技术及系统集成技术等。通过采用这些关键技术可完成智能车路协同系统的基本构建。系统关键技术是实现车路协同相关应用的基础。

1. 多模通信技术

考虑车辆的高移动性和道路交通所处的广域环境，采用单一的无线通信模式无法满足实际应用需求，需要采用多模无线通信技术，以保障交通主体能够实现任何时间、任何地点及任何交通主体基于现存通信模式的互联互通。这是构建智能车路协同系统的技术基础和必要条件。目前可支持车路协同技术在不同场景、条件和功能下应用的无线通信模式有专用短程通信（Dedicated Short Range Communication，DSRC）、超高速移动通信系统（Enhanced Ultra High Throughput，EUHT）、Wi-Fi、红外、蓝牙、1X、2G/3G/4G、车辆长期演进技术（Long Term Evolution for Vehicle，LTE-V）和 5G 等。车路协同数据通信分层标准架构如图 9.7 所示。

考虑目前实际应用中常用的无线通信模式，形成了可同时支持 DSRC、LTEV、EUHT、Wi-Fi 和 3G/4G/5G 等通信模式的数据通信分层标准。常用的通信模式主要可分为移动通信模式、无线通信模式、专用通信模式和其他通信模式。

第九章 智能车路协同系统

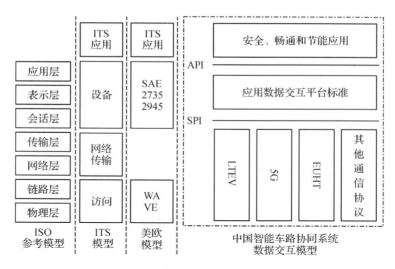

图 9.7 车路协同数据通信分层标准架构

2. 智能网联技术

高速、可靠、双向及可集成多种通信模式的智能网联技术是智能车路协同系统的基础。同时,智能网联技术能支持全景状态感知、信息交互与融合、协同控制与管理,以及定制化服务等功能,并根据不同层次的需求提供相应的通信保障与交通服务。智能车路协同系统的终端网络是传感器网络(Sensor Network,SN),以无线组网为主,支持各类交通状态的感知。支持交通系统底层信息互通互联的是车联网(Internet of Vehicles,IOV)和物联网(Internet of Things,IOT)等功能性通信网络,属有线无线混合组网,但多为无线组网。互联网(Internet)实现海量交通数据的传输和信息融合,属有线无线混合组网,但以有线组网为主。支持系统功能和服务集成的是高速互联网。

由于不同网联方式提供的通信特性和支持的服务范围各不相同,为满足各类交通环境下的功能需求,需要建立通信和网联模式的自动选择和切换机制,支持应用终端根据不同应用功能对通信和网联模式进行自主选择与切换。如图 9.8(a)所示,以智能网联车辆为例,考虑其主要服务于交通环境中的车辆行驶状态的共享,故其默认的通信模式采用 4G/Wi-Fi 以支持车-路(Vehicle to Infrastructure,V2I)网联;当服务应用需要车-车(Vehicle to Vehicle,V2V)网联时,通信模式即可自动切换到 LTE-V/5G。同理,图 9.8(b)为自动驾驶车辆的通信和网联模式自动切换机制。市场上多数产品可以支持 2 种或 2 种以上的通信和网联模式。国际范围内,能够同时支持绝大多数现存通信和网联模式的设备不多。

(a) 智能网联车辆自动切换机制　　　　(b) 自动驾驶车辆自动切换机制

图9.8　面向智能网联和自动驾驶车辆的通信和网联模式自动切换机制

3. 信息安全技术

智能车路协同系统的信息安全包含计算机信息安全、移动通信信息安全及交通数据可信（基于交通业务信息的可信交互）安全3个层次。3层安全技术相互关系及其主要作用如图9.9所示。

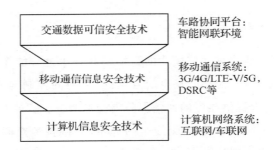

图9.9　基于车路协同的交通系统信息安全技术框架及其支撑环境

计算机信息安全技术主要解决由人、车和基础设施等交通参与者在网联环境下形成的泛在计算机网络系统的信息安全保证问题。移动通信信息安全技术主要解决通过各类无线通信管道传输的信息安全保证问题。交通数据可信安全技术主要依托交通系统实时数据的业务特性，例如，位置信息的实时性、车辆行驶轨迹的连续性和驾驶行为的局限性等，实现对交通参与者提供的业务数据的可信甄别。建立基于车路协同的车辆信任管理架构的主要机制有集中式信任管理机制与分布式信任管理机制。

4. 系统集成技术

全面发挥智能车路协同系统作用的关键是能够实现智能车、智能路和智能网的集成，进而实现智能协同的交通服务。这里的系统集成涉及通信模式的集成、网联方式的集成、信息融合的集成、云端计算的集成，以及可信交互的集成等，从而支持包括人车路在内的所有交通主体在智能网联环境下的系统集成。

在智能车上增加车载终端（On-board Unit，OBU）支持网联功能就形成了智能网联车，在道路上增加路侧设备（Road-side Unit，RSU）支持网联并提供智能处理能力就形成了智能路。

基于 OBU 和 RSU 实现智能网联的车路协同系统结构。

在智能网联技术的发展和应用过程中，先后出现了"车联网""网联车""C-V2X""智能网联交通系统"等概念。这些概念均是智能网联技术在交通系统应用中的扩展和延伸，尽管在出发点和应用过程中各有千秋，但目前都呈现出了将智能网联与车和路相结合并努力为交通功能服务的发展趋势，与"车路协同"趋同。

第二节　智能车载系统关键技术

一、车路协同技术应用的关键技术

基于构建的智能车路协同系统，可以实现现代智能交通的高层次应用。在智能车路协同系统发展的现阶段，这些应用主要体现在保证车辆行驶协同安全、道路交通协同管控的交通环境协同感知和交通群体协同决策与控制方面，以及对智能车路协同技术大规模应用前的仿真测试验证方面。另外近几年出现的基于车路协同的自动驾驶也是重要的应用体现。

1. 交通环境协同感知技术

有别于传统交通状态感知，车路协同环境提供的全时空动态交通信息实时共享，使位于不同平台、不同场景下的多传感器实施信息融合成为可能。由此可实现复杂交通场景下，跨平台多传感器的多视角和超视距的协同感知。超视距感知，通常特指传感器感知范围之外或无线通信直联范围之外的交通环境感知。

面向车路协同环境下车端感知设备与路侧感知系统构成的各种感知场景，交通环境协同感知技术需考虑车载与路侧、运动与静止、同构与异构、同类与异类、同步与异步等不同条件下的多传感器协同感知方法，并使用统一的描述模型刻画交通状态。例如，在超视距感知场景中，前车完成对周边环境的感知后，利用网联平台及两车间的空间关系，使后车获取后车感知范围以外的环境状态。车辆协同环境下交通状态协同感知研究框架如图 9.10 所示。

交通状态协同感知主要由数据输入层、多模态传感器信息融合层及状态表征层构成，其中多模态传感器信息融合层包含对多模态感知信息在数据级、特征级以及决策级的融合。基于多模态传感器的数据输入，在信息融合并对交通状态进行统一表征的基础上，实现对交通环境多视角、超视距的全局感知，为后端的决策控制提供可靠的信息来源。

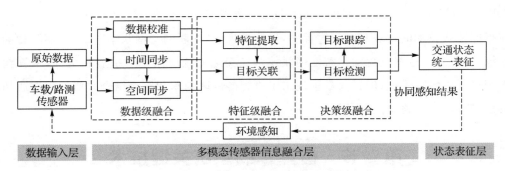

图 9.10 车路协同环境下交通状态协同感知研究框架

2. 交通群体协同决策与控制技术

交通群体协同决策与控制是智能车路协同系统应用的核心内容。在智能网联环境下,交通系统自身拥有的自组织、网络化、非线性、强耦合、泛随机和异粒度等系统特性开始凸显出来,尤其是交通主体拥有的智能决策与行为,催生了交通群体的协同决策与智能控制。

任意的道路交通场景均可看成是路口、匝道和路段 3 种基本场景的组合,简化的组合形式如图 9.11 所示。

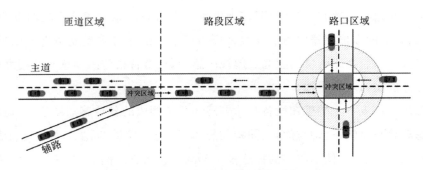

图 9.11 由基本场景构成的实际交通应用环境

针对智能车路协同环境下新型交通系统的复杂性和开放性(无主次之分、无统一目标和无系统边缘)等问题,引入泛在分布式与情景驱动下动态集中式相结合的协同决策与控制机制。泛在分布式体现在道路上的每辆车或等效体被看作是独立的智能体,无主次之分,独立自主决策与控制,此时的管控目标是实现自身单个或多个目标的最优化。情景驱动下的动态集中式应用在典型的交通瓶颈区域(例如,高速公路匝道和城市交叉路口等),通过路侧设备的集中协调实现局部区域的系统最优。

现阶段,智能车路协同环境下典型的交通群体协同决策与控制应用场景包括:无灯控场景下的交叉口通行、匝道协同汇流和路段编队/借道超车、灯控场景下的匝道和路口协同通行,以及信号灯-车辆协同控制、快速路-灯控路口一体化协同控制和多匝道快速路一体化协同控制等。

3.虚实结合的仿真测试验证技术

车路协同技术的引入有效提升了交通系统的仿真分析与测试验证能力。除常规仿真分析与测试验证内容外,虚实结合的仿真测试验证技术还可支持新型混合、异构交通系统的仿真测试,群体行为仿真与分析,以及群体协同与控制的微观性能分析等。

车路协同环境下新型混合交通系统的仿真测试验证主要包含以下技术:

(1)群体硬件在环仿真技术。实现多交通主体在环的仿真与分析,包括多辆实车、多硬件设备和多个真实区域场景等同时在环,而非单一类型车辆或设备的在环。

(2)虚实结合的大规模异构交通主体仿真测试与智能分析技术。实现包括自然/智能网联/自动/无人驾驶共存的虚实结合仿真测试,并融合虚拟仿真测试机制的高效性、真实测试模式的准确性。

(3)智能车路协同系统微观性能分析与验证技术。实现车路协同环境下各种交通场景中实施协同决策与控制的各类交通主体的微观性能分析与功能验证。

(4)多场景一体化系统性能分析与评价技术。实现多个特定交通应用场景的集成,并完成区域内包括安全、效率、能耗、减排、通信可靠性和时延等在内的系统性能分析与评价。

(5)交通群体协同行为分析与控制效果评价技术。实现不同协同行为与控制策略的分析与效果评价,并支持不同渗透率条件下的协同行为分析与控制效果评价。

4.基于车路协同的自动驾驶技术

智能车路协同系统为自动驾驶提供了一种全新的解决方案。有别于单车智能的自动驾驶,基于车路协同的自动驾驶综合集成智能车、智能路和智能网,可以充分发挥集成技术的优势。相对于单车智能的环境感知,智能车路协同系统提供了更为可靠、准确、宽泛和更具深度的交通信息,使车路协同的协同效应可以与自动驾驶相结合。其中,最根本的区别是车路协同环境下实现自动驾驶的信息,主要来自车路协同平台共享的交通环境信息,包括:周边车辆的运动、决策和控制信息,以及实时交通状态信息。由此改变了自动驾驶车辆依赖自车传感器感知交通环境的现状。同时,基于车路协同平台的动态信息实时交互,多辆自动/网联驾驶车辆和道路基础设施间可实现协同运行和控制。此外,面向车辆驾驶模式从人工驾驶、网联驾驶、自动驾驶、人车混驾,直至高级无人驾驶的发展需求,车路协同环境下的自动驾驶可有效解决新型复杂混合交通环境下车辆群体协同决策与控制问题。

基于车路协同的自动驾驶主要涉及高精度定位、协同感知、轨迹规划、协同决策和地图分发等技术。这些技术包括:

(1)基于路侧设备的高精度定位技术。以路侧设备为差分基站,车载低成本定位单元为移动站,以车路通信为基站与移动站间信息的交互支撑,实现低成本、高精度的自动驾驶定位。

(2)交通环境协同感知与融合技术。针对未来交通环境的网联化、跨系统、异粒度、泛随机等特征,使用交通环境协同感知机理与方法、感知信息融合理论等,可实现交通环境协同感知。

(3)自动驾驶轨迹动态优化与自动生成技术。基于车辆行驶运动态势与安全风险分析,实现车路协同环境下全路段自动驾驶轨迹的动态优化与自动生成。

(4)交通群体协同决策与智能控制技术。基于交通环境感知与重构、动态交通状态分析与预判、车辆智能群体决策与协同控制理论与方法,实现复杂环境下车辆群体协同决策与优化控制。

(5)高精度地图与动态环境信息自动分发管理技术。融合区域高精度地图信息与车路协同平台感知的实时交通环境信息,实现区域高精度地图自动分发管理与静态、动态交通信息的集成分发。

二、车载 ITS 技术

1. 车道保持技术

车道保持技术(图 9.12)依靠数字摄像机记录车道标记,根据偏移量自动调整,通过行车计算机进行状态显示,主动提醒驾驶者作出修正。该技术的特点是将道路、车辆、卫星和计算机利用通信系统进行集成;远景是将独立的系统逐步转变为车与车、车与路、车与 X 的合作系统,实现人和物的移动信息互操作。

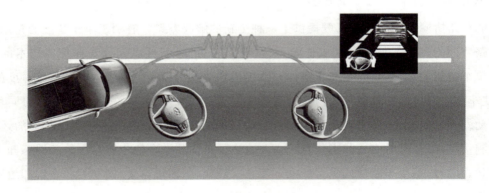

图 9.12　车道保持技术

2. 车辆避撞系统

车辆避撞系统(图 9.13)具有三个特点:具有自适应巡航控制系统,可增加安全性;具有碰撞前反应系统,如紧急情况下使用的 ITS 安全系统;令碰撞事故减轻或尽量避免严重的后果,也是事故发生前的最后一道关卡。

图 9.13　车辆避撞系统

3. 胎压异常预警

其作用是用于对汽车行驶时的轮胎气压进行自动检测,对轮胎漏气和气压异常进行报警,保障行车安全。

4. 车辆驾驶盲区危险警告

在行驶和停车过程中,由于汽车车身结构的遮挡,即使是大尺寸的双曲率后视镜也无法避免驾驶者侧后方的盲区,容易发生碰撞事故。电子安全辅助系统能够提示侧向盲区,可以有效解决该问题。车辆驾驶盲区危险警告过程如图 9.14 所示。

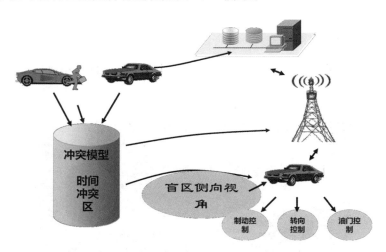

图 9.14　车辆驾驶盲区危险警告过程

5. 驾驶人异常监视和警告

虽然大部分人能够意识到,在身体出现异常状况的时候继续驾驶存在风险,但是有时候驾驶人还是会忽略这点冒险驾驶。因此有必要对驾驶人的状态进行检测,并对异常状态发出警告,建议停止继续前行并采取相关措施。该类系统可以间接改善交通环境。

6. 夜间视觉增强和智能汽车照明

夜间视觉增强技术和智能汽车照明技术(图 9.15)能够很好地解决夜间能见度低和弯道驾驶盲区的问题。

其特点有三个方面:

(1)具有夜间视觉增强系统,常用的技术手段是图像处理技术。

(2)通过车辆上的红外线和雷达,视频和基础设施等方式获取行车数据。

(3)具有智能汽车照明系统,通过转向控制前照灯技术实现车辆的转向和斜度。

图 9.15　智能汽车照明

7. 车-路/车-车通信系统

其功能包括车辆与道路基础设施的集成、车辆与车辆之间的相互通信。车-路通信系统如图 9.16 所示、

图 9.16　车-路通信系统

其特点有三个方面:

（1）道路车辆和周围辅助设施能够直接通信连接，目的是改善道路安全。

（2）完善路侧实时交通信息网络，更好地管理车辆的信息反馈。

（3）具备车载系统装备天线、计算机芯片和 GPS 定位导航，车辆随时对周边环境做出反应并通过报警或视觉信号对驾驶人进行预警。

三、车路协同技术应用

车路协同技术作为国内外现代智能交通发展的方向，已纳入我国《交通强国建设纲要》，是国家"十四五"规划中智能交通建设的重要内容之一。智能车路协同系统的规模化应用涉及面广，建设周期长，需要分阶段、分层次进行，各应用阶段的主要任务如表 9.2 所示。

表 9.2　智能车路协同系统各应用阶段主要任务

应用阶段	建设重点	信息共享程度	实现的协同功能	典型应用功能
初始期	道路设施智能化	道路交通系统管控信息的实时共享	以信息提示和辅助驾驶为主的协同管控	信息发布、危险预警、单车速度引导
建设期	智能汽车网联化	交通管控和车辆行驶信息的实时共享	以主动调控和个性化服务为主的协同管控	协同安全行驶、信号主动控制
规模化	智能网联交通系统	全时空交通信息的实时共享	以协同决策与控制为主的协同管控	安全协同驾驶、信号-车辆协同控制

1）初始期应用阶段

在智能车路协同系统建设的现阶段，国家选定了首先推进道路基础设施建设的发展路线。在道路基础设施信息化的基础上逐步实现智能化，以基础设施的智能化配合智能汽车的网联化。同时，借助构建先进的无线通信和云端计算平台为智能网联的普及奠定必要的基础，并由此提供道路交通系统管控信息的实时共享，实现智能车路协同系统功能的初级应用。

现阶段可实现的智能车路协同功能主要集中在以信息提示和辅助驾驶为主的协同管控服务上，包括：交通信息共享、诱导信息发布、在途危险状态预警、盲区预警，以及单车速度引导等。

2）建设期应用阶段

道路基础设施智能化达到一定程度后，即支持车路协同的 RSU 得到一定程度的普及后，将有效推进智能汽车的网联化。此时支持车路协同的 OBU 将作为智能汽车的必须装备。此时，智能网联效率和云端计算能力得到提升，交通管控和车辆行驶信息的实时共享成为现实，可实现智能车路协同系统功能的中级应用。

该阶段可实现的智能车路协同功能主要集中在以主动调控和个性化服务为主的协同管控服务，包括：车辆协同安全、公交/特种车辆优先、快速路可变限速、信号主动控制，以及恶劣天气条件下高速公路安全通行等。此时，车路协同的核心功能开始得到实现，对社会经济效益的贡献逐步呈现。

3）规模化应用阶段

在道路基础设施和智能汽车网络化得到全面发展后,智能车路协同系统开始进入规模化应用阶段。此时,交通系统实现了可信交互的全智能网联,可以提供全时空交通信息的实时共享;实现了多种计算模式并存,可以支撑广泛的交通群体协同决策与控制的计算;系统性智能得到前所未有的开发,可实现智能车路协同系统功能的高级应用。该阶段可实现的智能车路协同功能主要集中在以群体协同决策与控制为主的协同管控服务上,包括:车辆群体协同安全驾驶、路口/匝道信号-车辆协同控制、自动驾驶车队协同,以及网联/自动/无人混驾等。此时,车路协同的核心功能得到全面实现,交通安全和效率得到显著提升,社会经济效益显著。

复习思考题

1.什么是智能协同系统?

2.智能车路协同系统的功能包括哪些?

3.简述车路协同系统的架构。

4.什么是多模通信技术?

5.简述环境协同感知技术的系统组成。

6.车载 ITS 技术包括哪些?

第十章 高速公路机电系统

高速公路机电系统主要由收费系统、监控系统和通信系统组成。收费系统按既定的费率对道路的使用者征收通行费，以便回收道路建设投资。监控系统对道路交通状况进行监视、检测和控制，用以保证车辆运行畅通、减少交通事故和降低事故的危害性。通信系统为收费和监控系统提供信息传输的通信。

第一节　高速公路通信系统

一、高速公路通信系统概述

高速公路通信系统是高速公路现代化管理的重要支撑系统，用于准确及时地传输监控系统和收费系统的语音、数据、图像和视频等信息，保持高速公路各管理部门之间业务联络通讯的畅通，为高速公路内部各部门和外界建立必要的联系。同时高速公路通信系统作为交通专用通信网的重要组成部分，是交通信息的主要传输载体，为各种网络服务及会议电视系统提供传输通道。

1. 高速公路通信系统组成

高速公路机电工程通信系统主要由系统硬件、系统软件和数据传输系统三部分组成。

1）系统硬件

高速公路机电工程通信系统硬件包括通信电源、接入网设备、硬件信令及通信网末端外设等设备。

我国高速公路机电通信系统一般使用220V交流电源即可满足设备使用要求。而对于现有高速公路所用的光线路终端、光网络单元等光交换设备，一般要求选用－48V（电源正极接零线）的直流电源进行供电，具有较高的稳定性。为了保证主交换设备供电的持续性，要求主交换设备电源有热备电源，在工程中一般采用在线式不间断电源作为后备电源。

接入网用于实现通信网络设备和用户间的连接，是沟通的桥梁。接入网设备是通信系统的关键设备，在高速公路通信系统中起到上下连接并将信息进行全网传输的作用。其作用就是通过光线路终端、光网络单元等设备，将分散于现场的各单独设备进行分类、编码、连通，达到传输的目的,进而满足大量数据信息的自由交换、快速处理的要求。

信令系统是网络传输的管理员,它的作用就是对硬件构成中的中继连接、计费管理设备以及用户连接等硬件进行管理,通常需要按照特定形式对信息内容以及管理信息等进行模拟,并且通过上述模拟中的管理信息能够实现与其他网络的终端进行连接。在高速公路中,为了确保信息连接中数据接入的正确率,则需要系统通过 V5 协议进行编码,进一步确保系统数据的安全。

通信网末端外设包括监控设备、收费设备、报警设备等,这些设备都是通过通信网进行连接,达到互联互动的作用。例如在高速公路运营中一旦有紧急状况发生,就需要通过紧急报警系统进行上报,监控系统进行远程监视、电话系统进行调度等。高速公路的硬件系统通过通信网进行连通,形成了互通互控的联动网络,这对高速公路的正常管理是非常必要的。

2)系统软件

通信系统中的软件系统是以硬件系统为基础进行设计,进而调试使用,软件系统与硬件系统相互配合。通信系统软件主要包括接入网管理软件、通信网末端外设控制软件、操作系统软件等。接入网管理软件为交换设备内嵌软件,一般由交换设备生产商在生产完成后进行安装,到场进行调试,主要负责对传输数据的方向、路由进行调度控制。通信网末端外设控制软件一般安装在服务器及工作站上,在服务器、工作站、外设之间形成通路,完成外设信息的汇总和调用。操作系统是指服务器或工作站上所安装的操作软件。

3)数据传输

数据传输是通信系统的基础单元,目前通信系统数据传输的主要方式有模拟传输、光纤传输、电缆传输及音频话路传输等,这些传输方式之间有比较明显的区别,且在安全性和其他性能方面存在一定的差异。监控设备主要是借助模拟信号完成数据传输,可以将信号快速地反馈到系统中,确保监控设备正常运行。光纤传输主要用于图像和符号处理,传输效果较好。在设计机电通信系统时,需要合理选择数据传输方式,让系统和传输方式发挥出最大的作用。

2.高速公路通信的特点和要求

高速公路通信的特点主要有以下几个方面:

(1)专用性强。高速公路通信是服务于高速公路运输行业的专用通信,主要用于确保道路的安全通行和管理服务,提供运营的技术支持手段。通信对象主要是公路管理部门内部各个单位和沿线行驶的客户。

(2)传输信号种类多。高速公路通行传输信号种类有语音、图像和视频等。高速公路通信对各类信号的传输有明确要求,如活动图像和语音的实时性,控制指令和报警信号的高可靠性,收费数据严格的连续性等。

(3)通信方式多。高速公路通信几乎包含当前的所有通信方式,如光缆通信、程控电话、计算机网络数据和多媒体通信、移动电话、微波和卫星通信等。

第十章 高速公路机电系统 157

（4）数据、图像和语音的传输和处理直接相联。通信系统是作为监控、收费等计算机网络的通信支网出现的，计算机直接参与通信是高速公路通信的特点之一。

（5）高可靠性。系统每天 24h 不间断运行，中断会丢失重要数据或造成事故处理不当。

针对上述特点，对公路通信系统的突出要求为高可靠性，低差错率。对各专用子系统和主要部件应有具体技术性能指标，在设计、建造、试运行和验收时，严格贯彻执行。

3.高速公路通信系统的功能

高速公路通信系统是一个复杂性系统，技术含量高，对配置的性能和效率有很高的要求。高速公路上，通信系统的主要功能是传输语言、数据、图像和视频，以实现数据和信息共享，并适当地支持高速公路的稳定和可靠运行。在系统运行过程中，通信系统除了对高速公路运营和管理提供技术支持外，对配置的运行监控和升级也是通信系统的重要功能。

高速公路通信系统的功能体现在以下几个方面：

（1）系统技术支持。对高速公路运营和管理提供技术支持。高速公路通信目的在于支持高速公路管理、监控和收费等业务的传送，是提高高速公路管理水平和安全保障能力的支撑网络。

（2）系统配置管理功能。对通信系统网元进行配置，在运行中对传输、交换、接入网、电源产品等网元功能进行监控，并采用新技术，对通信系统网元配置进行优化升级，提升整体配置网元的效果，实现对配置资源的有效管理。

（3）系统安全和保障功能。通信系统能够在网络大环境下，维护高速公路机电工程通信系统的安全，保障系统正常运行；对系统运行过程中易出现的故障进行监控和检查，并设计错误纠正程序和预警系统，及时发现隐患，可对一般隐患进行修复，对特殊隐患提出预警，从而为通信系统保养和维护提供技术支持，实现智能化运营、保养和维护。

（4）性能管理功能。能够对系统性能进行相应的监管和分析，对在运行过程中产生的性能变化采取有效的应对方法，保障高速公路机电系统的正常运转。

二、高速公路共用信息平台

高速公路通信系统在管理范围方面呈现出由以往的单条路线扩展至整个高速公路网络的趋势，通过综合应用交通信息，逐渐提升了宏观决策和调控能力。该系统通过融合整个系统中收费系统、监控系统、行政办公系统以及道路养护系统等，实现资源、图像以及语言的三网合一，构建了共享信息平台。应用海量信息处理技术以及资料挖掘技术，为整个高速公路的信息共享、快速存储管理、分析和准确查询等提供必要的支持，同时提供如事故信息分析、运营管理辅助决策和公众信息等服务。

1.高速公路管理信息系统中的信息共享

各个子系统在高速公路信息管理系统中存在数据联系关系，这种关系具有以下特点：

1)基础数据采集的共享性

整个管理信息系统在运行过程中,需要以各个子系统提供的各项基础数据为支撑。其中,主要依赖各系统提供的基础数据包括:

①监控系统提供的道路交通流量以及车速等监控信息。
②道路养护管理系统提供的道路铺装以及养护等情况。
③路政管理系统提供的路政案件资料以及路产信息等。
④行政办公实务系统提供的公文、档案、财务以及人员信息等。
⑤设备管理系统提供的管理设备的台账信息等。

2)现状数据与历史数据积累的需求差异

对于数据时间要求,各个子系统存在一定的需求差异性。如工作流系统由以下几个部分共同构成:公文流转、监控系统、路政系统、设备管理系统以及收费管理系统。工作流系统所关注的是现状数据,而资源库系统以及辅助决策系统所关注的是累计的现状数据与历史数据两者之间的结合。

3)数据详细程度的需求差异

对于数据的详细程度,各个子系统有不同的要求,如对于设备数据,监控中心业务系统只要求了解设备故障率,而设备管理系统则要求更为细致。因此,需要应用共用数据详细程度层次化的方式,从而满足不同的数据服务要求。

在各子系统直接联系的情况下,相互之间的数据流通状态如图 10.1 所示。

由图 10.1 可知,如果在高速公路管理信息系统各子系统之间直接进行信息传送,会存在以下问题:系统共用数据缺乏明确的维护责任,数据的统一性难以保证,接口设计受到其他子系统功能要求的牵制。这些问题最终会影响高速公路管理信息系统的逐步递进开发。

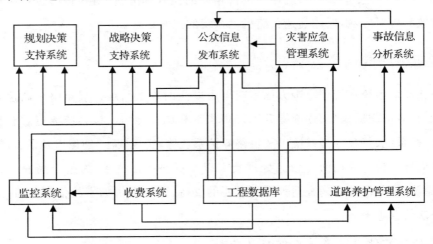

图 10.1 直接联系的情况下各子系统之间的数据流关系

拟解决上述问题可以考虑使用共用信息平台的方式进行系统共用信息的管理：首先由承担数据采集的子系统按照一定规则，将共用数据发送给共用信息平台；然后共用信息平台将共用数据进行规范化处理后加以存储；最后根据子系统的请求或相应需求规则，采用规范格式将数据发送出去。该种方案下共用信息平台是高速公路管理信息系统共用信息的中转中心。采用共用信息平台下的数据流关系如图10.2所示。

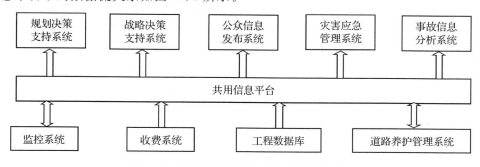

图 10.2　采用共用信息平台下的数据流关系

2. 共用信息平台功能分析

共用信息平台指将与智能交通系统相关的子系统集成在一起，在整个高速公路管理信息系统中共用数据组织结构和传输形式。共用信息平台是对共用数据进行组织、存储、查询、通信等管理服务的数据仓库系统，是智能交通系各个子系统之间高效快速地完成信息共享和交换的极为重要的技术手段。

共用信息平台采用的是"协作式"交通信息整合方法，其主要的目标是构建一个透明度高、兼容度强的开放型平台，能够实现交通信息获取、处理、分析和决策、组织协调的智能化交通信息平台。

共用信息平台主要是采用外场信息采集设备进行交通信息的获取，首先对原始多源数据进行统一化处理，然后通过数据融合的方法进一步处理，最后将结果存储在数据库以便使用。平台内部可实现各种数据处理操作，平台外部要实现各用户对平台内部的访问需求，从而达到数据共享的目的。共用信息平台主要具备以下几个功能：

①提取各个子系统的共享数据，并融合处理多个来源渠道的、相互不一致的数据。

②组织实时数据和历史数据，保证数据间关系的正确性和可理解性，避免出现数据冗余的问题。

③按照服务请求和查询权限，向客户系统提供信息服务，对于自身所存放的数据直接组织输出，对于其他各个子系统所存放的细节数据由共用信息平台提供查询的通道。

3. 共用信息平台的逻辑结构

根据功能分析，共用信息平台具有明确的层次结构，可以从逻辑结构上将共用信息平台分为三层:数据采集层、数据管理层和数据应用层。

1)数据采集层

数据采集层是共用信息平台与数据源的接口,主要负责对下层数据的请求响应,包括从各数据源中进行数据选取、数据预处理和数据变换。

2)数据管理层

数据管理层主要是对数据采集层选取的数据进行数据挖掘、数据融合等处理,以及对数据仓库进行日常维护、管理、控制等。

3)数据应用层

数据应用层是共用信息平台与各智能子系统的接口,主要负责对上层数据的请求响应,包括与上层具体业务系统的数据接口、查询和批量事务的调度等功能。共用信息平台的逻辑结构如图10.3所示。

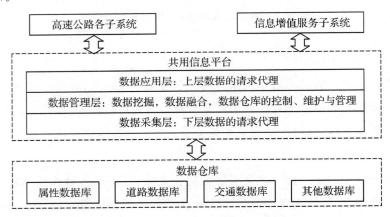

图10.3 高速公路共用信息平台逻辑结构图

4.共用信息平台的信息组织

从实现形式上看,共用信息平台具有分布式数据仓库的特征。共用信息平台自身所具有的数据库存储各个子系统经常使用的数据。对于不经常使用的细节数据,则仅仅在共用信息平台中记录该部分数据的存放位置、数据结构和更新时间等信息。如遇到查询请求,共用信息平台首先会从各个子系统提取相应数据,然后向客户转送数据。

1)共用信息平台的数据类型

数据类型体现了信息平台中数据的表现与存储形式。不同的数据类型,其组织与处理的方式不同,提供服务的表现形式也不同。同时,不同层次上的用户对不同类型数据的需求方式不同。高速公路管理信息系统共用信息平台主要有如下类型的数据和信息:

①空间地理数据。包括与高速公路交通有关的空间数据以及空间属性数据,如道路、交通

枢纽、收费站、服务区等路网元素以及特征建筑物等的相关数据,如名称、坐标图层属性、几何尺寸、渠化设施等数据。

②交通基础设施数据。除交通空间地理数据外的硬件基础设施数据,包括交通通信设施、交通检测设施、交通控制设施、交通渠化设施(各类标志、标线等)、交通信息发布设施和收费设施等。

③交通管理业务数据。包括警力配置、管理装备、车辆驾驶员信息、紧急事件及救援信息等。

④交通状况数据。包括实时交通流数据、施工、事故、气象、服务区等各类相关数据,以及交通信号控制、视频监控、信息发布、电子收费、设备故障等实时数据。

⑤历史数据。主要包括一段时间内有关交通流、收费、事故、设备运行状态等历史数据。

⑥其他相关数据。如公共交通的费用、时刻表、换乘等信息以及餐饮、住宿、加油、维修等服务信息。

2)共用信息平台的数据交换技术

电子数据交换(Electronic Data Interchange,EDI)技术是近年来在交通运输领域应用较多的数据交换技术,它是为支持事务处理而在异构的平台或应用中用电子格式进行数据交换的一种集成方式。企业间通过共同制订的协议和开发的专用接口,将不同企业应用或商业运营的数据进行交换和共享。然而在应用中 EDI 存在以下问题:新组织加入时,必须制订新的协议和编写新的专用接口;使用固定的数据格式,限制较为严格,缺乏灵活性;使用增值网络,需要专用的软硬件系统及专业技术人员,运营成本较高。以上不足限制了 EDI 的大规模普及应用,且只能在有限的领域应用。

同时,随着 ITS 的发展,为了在 ITS 各子系统之间进行有效的数据交换与共享,各个国家和地区开始制订新的数据交换标准。其中,可扩展标记语言(Extensible Markup Language,XML)以其优良的数据存储格式、可扩展性、高度结构化以及方便的网络传输等特点在异构数据交换和共享方面得到了广泛应用并取得了良好的效果。

三、高速公路信息传输技术

1.光纤通信传输 DWDM 技术

密集型光波复用(Dense Wavelength Division Multiplexing,DWDM)技术是利用单模光纤低损耗区的带宽,将不同频率波长的光信号,通过合波器合成一束光后发射进同一根光纤进行传输,在接收端通过分波器区分开不同频率波长的信号,并进行相应数字处理还原出原信号的复用技术。

对此项技术而言,通过应用宽带,可将不同的波长作为载波,在同一根光纤中实现不同载波信道的传输,并可在多条通道上对光信号进行复用传输。该技术能促进通信容量的有效提高,且其传输速度不会过多地受协议影响,以其为基础搭建的网络可在一个信道上实现对 IP 等不同协议的采用,从而实现用不同速度传输不同类型的信息。一般情况下,信息处理的流量可保持在 100Mb/s~2.5Gb/s 范围内。在质量服务方面,以该技术为基础搭建的网络,在满足协议的基础上能以较低的成本、快速、准确地响应客户对带宽的需求。同时,能够在目前已建高速公路 SDH 光纤通信传输系统不做较大改动的基础上,方便地采用 DWDM 技术进行系统扩容。

目前,随着波分复用方案的光纤通信传输技术的推广及波分复用关键器件的日益成熟,波分复用通信技术工程化应用越来越广泛,实际的应用效果令人鼓舞。因此,把采用波分复用方案的光纤通信传输技术,应用到目前高速公路光纤通信系统的设计和建设中,有着十分重要的意义。

2. 无线局域网技术

随着交通信息化的发展,高速公路在建设时构建的有线通信网渐渐无法满足越来越多样化的使用需求。因此,作为有线通信方式的一种补充、后备或局部替代,无线局域网在高速公路通信领域存在一定的应用空间。

1)无线局域网概述

无线局域网(Wireless Local Area Network,WLAN)是利用无线通信技术在局部范围内建立的计算机网络,是传统的有线局域网与无线通信技术相结合的产物。它以无线多址信道作为传输媒介,使用无线射频技术通过空中接口来收发数据,提供传统有线局域网 LAN(Local Area Network)的信息传输、资源共享的功能。无线局域网能够使用户真正实现随时、随地、随意地接入宽带网络。

目前常用的计算机无线通信手段有光波和无线电波。其中光波包括红外线和激光。红外线和激光易受天气影响,也不具备穿透能力,故难以实际应用。无线电波包括短波、超短波和微波等,其中采用微波通信具有很大的发展潜力。

在设备类型上,无线局域网也类似有线局域网,相应的设备有无线网卡、无线接入点(AP)、无线网桥、无线网关和无线路由器等。无线网络产品的多种使用方法可以组合出各种情况的无线联网设计,可以方便地解决许多以线缆方式难以联网的用户需求。

2)无线局域网在高速公路中的应用

高速公路视频监控系统是高速公路业务的一个重要组成部分,大部分高速公路都建设了很好的监控系统。无线网络技术可以成功地应用到高速公路的建设期,无线网络系统的建设可以构建使用方便、覆盖全段的无线视频网络平台。无线视频监控系统使用网桥和定向、全相微波天线连接远端视频监控点,实现整个高速公路的全程覆盖式无线方式联网,构建视频平台;施工现场实时图像监控,通过构建简洁、拆移方便的监控架和车载移动式监控装置,对施工中的重点工序、环节、隐蔽工程等实施即时图像监控。通过电脑可以随时查看到各项目的施工情况,通过调节摄像头云台、焦距,现场细节便——展现在眼前。同时,移动视频车可以随时开赴施工现场传回所需图像。

利用监控系统还可以对高速公路的使用情况、安全营运、收费、事故现场进行监控,能极好地提高工作效率。但是,由于建设成本过高,不可能对整条高速公路进行无盲点监控,这样就会导致一些事故现场的情况不能通过监控系统反映到管理中心。而利用无线网络技术实施监控系统作为现有监控系统的补充,则不会存在类似的问题。

高速公路部分收费站有扩建需要,但是由于一些其他原因又不能重新铺设光纤,为此引入了 WLAN 技术。利用 WLAN 技术可以很方便地进行无线组网,不再需要铺设光纤,也不受网线的困扰,只需要通过简单的端口配置,即可以实现局域网组网,实时把收费数据上传到中心。此外,还可利用 GPRS/CDMA 无线公网作为通信网络技术控制外场设备,如利用 GPRS 无线公网对高速公路电子信息牌进行信息发布控制。

3.光传输网络技术

光传输网络(Optical Transport Network,OTN)技术又称为光传送网络技术。大容量、长距离的传输能力是光传送网络的基本特征,属于新的光传输技术系统。相比于传统的传送方式,OTN 是一种全新的数字光传送方式,其在整合同步数字体系(Synchronous Digital Hierarchy,SDH)与波分复用优点的基础上,交叉调度光层与电层中的波长与子波长,从而实现 SDH 理念及相应功能在光网络中的移植,以此弥补传统系统在运行维护管理及状态监控等方面存在的不足。此项技术可支持不同的业务信号,可透明化传送信号,且具有较高的带宽。同时,因其能实现复用交换及相关配置,有较强的开销支持功能,可提供良好的操作维护管理等功能,实现前向纠错,进而提高组网及保护功能。

伴随着科学技术不断发展,OTN 技术得到了广泛应用,其在高速公路通信系统方面的应用可以实现对网络结构的全新设置,利用节点机实现各种业务的连接,通过语音的形式实现业务的传输,通过数据接口和网络接口进行数据业务的传输。高速公路通信系统的各种设备都可以和周边最近的节点机实施连接,以此种方式实现信息的采集以及发布,通过 OTN 技术的有效应用可以进一步完善高速公路通信系统的建设。以 OTN 技术为基础的高速公路通信系统充分融合了传统 SDH 技术以及光波分复用技术的优势,实现了更加灵活、更加可靠、大容量以及大颗粒的传输,在实际应用中可以大大提升具体业务调度的灵活性,能够进一步提升管理性能,可以实现完善的保护方式。

4.紧急电话系统

高速公路紧急电话系统主要是为保障驾驶人行车安全。在高速公路行驶期间会受各类因素的影响，无法从根本上规避交通事故出现。为缩短事故救援时间，通信系统内还设置了紧急电话通信装置，使驾驶人员的人身安全得到保障。当司乘人员遇到紧急情况需要救助时，通过该系统对路段监控中心值班人员报警，由监控中心值班人员进行调度处理。高速公路紧急电话系统是用户在特殊情况下与公路监控中心进行信息传递、及时反馈解决问题的一个不可缺少的重要体系。

第二节　高速公路收费系统

高速公路收费系统是从车辆进入收费道路到完成收费，从车辆交纳通行费到费款安全进入存储点，等能提供各种收费过程的相关设施和人员的集合体。收费系统的主要特点：

①采集记录通行车辆的各种信息，并完成对收费交易数据的处理、统计分析、查询和打印。具有严密的数据安全体系，以保证收费数据的安全，同时根据需要能完成收费站、路段分中心、省结算中心之间的收费业务数据、费率和时钟等的通信。

②可以对出入口车辆进行自动车型、车牌识别，当车辆闯关时，能发出报警信号，自动录像。

③能够对收费车道、收费站等收费设施以及对收费业务进行监视，减少逃票、漏收现象的发生。

④具有收费设施状态信息显示功能，设备具有高可靠性、可扩充性、兼容性和开放性。

一、高速公路收费系统分类

1.按收费制式分类

按收费制式可分为均一式（全线均等收费制）、开放式（按路段均等收费制）、封闭式（按互通立交区段收费制）和混合式（混合收费制）四种类型，各种制式下收费站及收费广场的设置形式如图10.4所示，为简化起见，各互通立交均以菱形表示。

第十章 高速公路机电系统

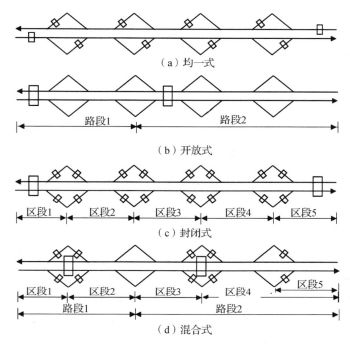

图 10.4 四种收费制式收费站布置图

1)均一式

均一式是最简单的一种收费方式。其收费站一般设置在高速公路的各入口处(包括主线两端入口及互通立交入口),出口处不再设收费站(如有特殊需要收费站可以建在各出口处,实行出口收费)。车辆只需经过一个收费站,并按同一收费标准一次性缴费后即可自由行驶。

均一式具有手续简便、收费效率较高、收费站规模较小、经济性较好等优点,但不能按行驶区段区别收费,合理性较差,且设站数量较多。主要适用于总行驶里程约 40km 以下,且大部分车辆行驶里程差距不大的高速公路。特别适用于交通量比较大,收费广场规模受到严格限制的城市高速公路。

2)开放式

开放式又称栅栏式或路障式。其收费站一般建在路段内主线的某个位置上,距离较长的高速公路可以划分为多个路段,各路段内按同一标准收费,各收费站间距宜大于 40km。该制式下各互通式立交的出入口不再设收费站,高速公路对外界呈"开放"状态,车辆可以自由进出公路不受控制。在公路内部,车辆需在经过主线收费站时,按同一标准一次性(或)多次交费。

开放式收费具有交费简便迅速、收费效率高、对交通影响小、建设投资较少、管理维护费用低等优点。但当两个主线收费站之间存在两个及以上入口时易出现漏收情况,长途车辆会出现多次交费从而延误旅行时间的情况。

3）封闭式

封闭式是在高速公路的所有出入口处（包括主线两端出、入口及互通立交出、入口）建立收费站。车辆进出高速公路都要经过收费站并受控制，但在高速公路内部则可以自由行驶，高速公路对外界呈"封闭"状态。

封闭式收费系统一般采用按入口发卡、出口收费的模式。可以严格按照行驶区段区别收费，合理性较好。但出口收费效率较低，收费站规模较大，数量也比较多，经济性较差。适用于里程较长（约 40 km 以上）、含有多个互通立交出入口、车辆行驶里程差距较大、且主线和匝道交通量较大的收费公路。

4）混合式

混合式收费是开放和封闭式两种收费方式的混合，可以将两者的优点结合起来，形成一种新型的、简单有效的收费制式，用在中长距离的收费公路上。这种收费制式在主线上设一定数量的收费站，间距大于 40 km，在两主线站之间的部分匝道设收费站。

混合式收费的效率较高，收费站规模较小、数量也较少，其经济性优于封闭式；混合式可以大致按行驶区段区别收费，其合理性优于均一式和开放式，但不及封闭式；混合式可以做到无漏收或基本无漏收。混合式适用于互通立交间距较大，或主线和互通立交交通量不大的收费公路。

2. 按自动化程度分类

根据自动化程度可以将收费系统分为人工收费、半自动收费和全自动收费。

1）人工收费

人工收费系统是指完全依靠人工进行收费操作和收费数据统计管理的收费系统。该方式基本上不用计算机，是最简单的一种收费方式，也是目前局部高速仍在使用的收费方式。其收费方式是在收费站收费员按规定的收费标准对通过的车辆进行收费。由收费员人工识别车型、收取费用、发放收据和放行车辆。

人工收费的最大优点是简单易行，可节省大量的基建设备投入。但由于人工收费存在比较大的人为因素，不可避免会存在少收、漏收、闯口等现象，造成公路费用流失，而且人工收费进度慢，容易造成交通堵塞。

2）半自动收费

半自动收费方式是指由人工进行收费操作，计算机系统对车道设备进行控制，并对收费数据进行自动统计管理的收费方式。相比于人工收费方式，采用人工识别或仪器识别车型，利用计算机系统自动读写信息、计算收费金额、打印数据、累计和汇总分析，收费人员根据显示在计算机终端的收费数据进行收费即可。这种方法可有效弥补人工收费的漏洞，适当提高收费效率,减少人为因素造成的少收、漏收现象。

3)全自动收费

全自动收费系统现在主要有全自动机械收费和全自动电子收费两种。其中,全自动机械收费方式是在无人值守的收费车道,由自动收费机械及计算机系统自动完成收费操作、车道设备控制和收费数据统计处理的收费方式。全自动电子收费方式是在无人值守的收费车道,应用无线电射频识别及计算机等技术自动完成对通过车辆的识别、收费操作、车道设备控制和收费数据处理的收费方式,又称不停车收费方式。全自动车辆识别收费系统不仅可以识别车型,而且可以采集到有关车辆和车主的诸多信息,使得收费方式变得更加灵活。

二、半自动收费系统

高速公路半自动车道收费系统简称为半自动收费系统,该系统主要由收费系统、车道控制系统、监控系统、通信系统、电源及防雷接地安全系统和辅助子系统等构成。

1.收费系统

收费系统由后台系统服务器、数据管理计算机、收费车道计算机及网络设备等组成,主要用于采集、处理、统计、分析收费数据,存储、打印有关数据与统计报表,对系统进行综合管理控制和调度。

2.车道控制系统

主要由车道控制器、自动车票识别系统、票据打印机、顶棚信号灯、自动栏杆、车辆检测器、收费员终端、费额显示器、全自动收/发卡机等组成,完成对进出口车辆的控制,收取通行费完成抬杆放行,并与收费站计算机系统进行数据通信。

3.监控系统

主要由安装在广场、车道、收费亭等处的摄像机组成,负责实时监视全站各收费车道及相应收费亭内收费过程。

4.通信系统

主要指内部对讲监听系统,是一套为收费站值班员与收费员提供直接的语音通信服务的通信系统。该系统主要由一个安装在收费站监控室的通信主机和与收费亭对应的通信分机组成,它以主/从模式为基础,从而实现监控室对每一个收费亭的"单呼""群呼"和"监听"等功能。

5.电源及防雷接地安全系统

电源包括两台220V在线式不间断稳压电源、配电控制器、传输介质。防雷及接地安全系统主要包括总电源防雷模块、避雷针、系统保护接地,负责保护监控和收费设备、设施不被雷击。

6.辅助子系统

包括计重收费系统及紧急报警系统。计重收费系统是一个独立的系统,主要包括动态承载衡器、红外线光栅车辆分离器、胎轴识别传感器、辅助检测线圈、重量及费额显示器、专用数据采集控制器、相应软件等,负责对载货车辆实施计重收费。紧急报警系统由收费亭脚踏开关和监控室对应报警主机组成,当收费员遇到紧急情况时,立刻启动脚踏开关,提醒监控人员有紧急情况发生。

半自动收费系统收费过程为当车辆进入高速公路收费站半自动收费入口车道时,车辆检测器检测到车辆,触发自动车牌识别系统采集车牌识别图像,车道软件将车牌等信息写入 IC 卡内;在收费员输入车型后,发卡机将写入正确信息的 IC 卡发出后由收费员交与司机,交费完成抬杆机抬升车辆驶离。当车辆进入高速公路收费站半自动收费出口车道时,车辆检测器检测到车辆,触发自动车牌识别系统采集车牌识别图像;收费员接卡后插入收卡机卡口内,收卡机将对IC 卡的读写、收卡、存储、计数并在车道软件的控制下自动完成收卡、计费、费额显示、抬杆放行等任务。

三、全自动收费系统

1. 全自动收费系统概述

随着机动车数量的不断增加,传统的高速公路收费模式越来越无法满足应用需求,电子不停车收费系统的应用提高了高速公路的出行效率,已经成为国内高速公路收费系统未来的主要发展方向。全自动收费系统又称电子收费系统或电子不停车收费系统(Electronic Toll Collection System,ETC),是特别适合于高速公路的智能交通系统服务功能之一,是目前世界上最先进的公路收费方式。该系统在高速公路收费站设置有专门的 ETC 收费车道,通过微波无线完成车辆前挡风玻璃内侧的车载单元(On Board Unit,OBU)与收费站 ETC 车道上的路侧单元(Road Side Unit,RSU)之间的无线通信和信息交换,利用计算机系统从预先绑定的 IC 卡或银行账户上扣除高速通行费,实现车辆不停车收费,无须人工参与。

全自动收费系统每车收费耗时在两秒左右,ETC 车道的通行能力高于人工收费车道和半自动收费车道,而且可以使高速公路收费实现无纸化、无现金化管理,能够从根本上杜绝收费票款的流失现象,解决公路收费中的财务管理混乱问题。另外,实施全自动电子收费系统还可以节约基建费用和管理费用。随着国内高速公路省界收费站的撤销,ETC 系统已得到广泛应用,并且取得了良好的成效。

2. 全自动收费系统组成

全自动收费系统主要由自动车辆识别系统、后台管理系统和其他辅助设施等组成。自动车辆识别系统负责对过往车辆进行信息采集和处理。后台管理系统负责车辆信息的识别和与电子支付中心的连接。其他辅助设施辅助该系统运行,主要是指自动栏杆机、交通显示屏、通行信号灯、费额显示器等辅助设备。

自动车辆识别系统由车载单元(On Board Unit,OBU)又称应答器或电子标签、路侧单元(Road Side Unit,RSU)、环形线圈等组成。

1)车载单元

车载单元主要存储车辆的识别信息如 ID 信息、身份信息、属性信息等,一般安装在车辆前挡风玻璃内侧。当车辆通进入收费站 ETC 收费车道时,车辆探测器感知车辆,路侧单元发出询问信号,车载单元响应并采用专用短程通信(Dedicated Short Range Communication,DSRC)技术与路侧单元进行信息传输。

2)路侧单元

路侧单元安装在 ETC 收费车道路侧,采用 DSRC 技术与车载单元进行通讯,实现车辆身份识别的装置。

3)ETC 车道

ETC 车道与传统的人工半自动收费车道相似,主要由 ETC 天线、车道控制器、费额显示器、自动栏杆机、车辆检测器等组成。

4)中心管理系统

中心管理系统获取车辆识别信息如汽车 ID 号、车型等,并将车辆信息与数据库中的相应信息进行比较分析。根据比较分析结果,中心管理系统产生不同的行为,如使用自动栏杆拦下不正常付费的车辆,从该车的预付款项账户中扣除相应通行费,或送出指令给其它辅助设施工作。

ETC 系统的运行过程:车辆进入收费站,按照电子收费车道引导指示标志和规定限速通过电子收费通道,当进入路侧单元的通信范围时,车道控制器读取路侧单元信息,并判断车辆电子标签是否有效,如有效就进行交易,如无效则拦截违章车辆并在显示器上出现相应提示信息,同时抓拍系统也会工作,拍下违章车辆信息以便处理。如交易完成,栏杆自动抬升,通行信号灯由红变绿,费额显示器上显示交易金额;车辆通过后栏杆自动回落,通行信号灯由绿变红,系统等待下一辆车进入。同时车道控制器将收费数据传送给相应计算机系统。

3. 全自动收费系统的优点

①提高收费效率。电子不停车收费站系统的应用可以明显改善高速公路收费拥堵的问题,由于该系统的应用,车辆在高速公路收费口不需要停留即可完成缴费,提高了高速公路出行效率。

②可以节约能源,环保出行。电子不停车收费系统的应用使车辆处于持续行驶状态,减少了车辆行驶过程中的起步、减速、刹车操作,可以明显减少车辆磨损程度、车辆出行的能耗和车辆排放为大气环境带来的影响。此外,电子不停车收费系统能够彻底实现无纸化收费结算,节约了能源,为实现环保目标做出了贡献。

③便于机动车的通行。可以减少收费站路段的交通拥挤和堵塞,提高高速公路的通行能

力。减少了人工收费系统和半自动收费系统经减速停车、交费、起步的过程,大大提高了收费站的通行能力。

④降低运营成本。当高速公路引入电子不停车收费系统后,可以有效降低收费站的人力资源成本,同时也能够避免出现收费出错、漏收的情况。据统计,电子不停车收费系统的车辆通过率是传统公路收费系统车辆通过率的4倍,不仅提高了高速公路运营经济效益水平,还加快了投资成本的回收速度。

4.全自动收费系统关键技术

1)自动车辆系统识别技术

自动车辆识别(Automatic Vehicle Identification,AVI)系统通过安装微波天线设备获得车载电子标签里存储的信息(如车主、车型和ID等),并根据这些信息来识别判断该车辆是否有资格通过。通常在ETC收费车道两旁或者上方会安装微波天线。当车辆进入ETC车道时,路侧单元以微波天线向电子标签发出信号,设置在收费车道的路侧单元会收到车辆过往的信号,然后把这些信号传达给车道控制器,通过对比识别车辆信息,并将识别信息反馈给系统,从而在计算机的支持下实现对过往车辆的识别。

2)自动车型分类技术

自动车型分类(Automatic Vehicle Classification,AVC)系统是由不同类型的传感装置和车辆类型分类设备组成,传感装置一般安装在道路内和道路周围。自动车型分类系统依靠传感装置的物理特性识别车辆,并与车载标签装置所存储的信息进行对比,然后将处理后的信息传送给处理机进行汇总。自动车型分类系统能够确保系统准确无误地收取费用,实现高速公路快速收费,是高速公路收费系统的硬件和应用程序。

3)逃费抓拍系统

在电子不停车收费系统中,逃费抓拍系统(Video Enforcement System,VES)的设置是非常有必要的。高速公路收费系统设置的目的是加快道路建设资金的回收,并将该部分资金用于建设新道路。逃费抓拍系统的设置能够有效保证经营企业的效益,约束和防范逃费的产生,通过逃费抓拍系统信息和电子标签数据的对比,搜索违章车辆,记录违章信息。

第三节　高速公路监控系统

一、高速公路监控系统概述

高速公路监控系统主要用于对高速公路交通的监视和控制。高速公路建成后的交通状况和道路环境状况不是一成不变的,在很大程度上呈现着交通流、交通干扰、道路环境变化的随机性。高速公路监控系统正是针对这些变化着的道路交通状态而设置的,它将进一步确保高速公路交通的高速、安全和舒适。根据高速公路监控系统的设置目的,它应当具备如下功能:

1.信息采集

主要是实时采集道路交通状态,包括交通信息、气象信息、交通异常事件信息等。

2.信息的分析处理功能

主要用于判断交通运行状态是否正常,确认交通异常事件的严重程度,预测交通异常状态,确定已经发生或可能发生的异常事件的处置方案等。

3.交通控制功能

当高速公路出现异常事件时,如发生交通事故或交通阻塞,监控系统必须能够发挥交通控制的功能。

4.信息发布功能

主要是指为高速公路上正在行驶着的驾驶人员提供道路交通状况信息,为行驶车辆发出限制、劝诱和建议性指令,为交通事故和其他异常事件的处理部门提供处置指令,为信息媒体或社会提供更广泛应用的高速公路交通信息。

高速公路监控系统是高速公路现代化管理手段之一,具有实时性、稳定性和功能可扩充性等特点。

二、高速公路监控系统组成

高速公路监控系统主要由监控中心、监控分中心、通信传输系统和外场设备等构成。一个具备完整功能的监控系统,一般由信息采集子系统、信息发布子系统和监控中心三大部分组成。其结构如图 10.5 所示。

1.信息采集子系统

设置信息采集子系统,就是为了采集交通原始数据。通过利用车辆检测器、通信设备以及检测线圈等工具,能够对不同路段的交通量进行数据的采集和提取。此外,在一些较为重要和关键的路段,会配备摄像机以及视频传输设备,以便对该路段进行视频数据的实时获取和掌控。同时,为了采集不同路段的气象条件,掌握高速公路的温湿度、能见度、风速、雨雪等气候情况,在高速公路上还设置了气象信息采集系统。除此之外还有一些辅助性监测手段,如巡逻车、交通巡视用的直升机,以及当地的交通、气象广播等。所采集的信息可以通过计算机或者是电子屏显示,而且还能够根据不同需要,进行视频数据的抓拍和记录。通过长期记录路况信息和事故细节,可以为交通流量的综合分析、事故模型的建立和预测、地区交通流量和经济发展评估提供基础数据。

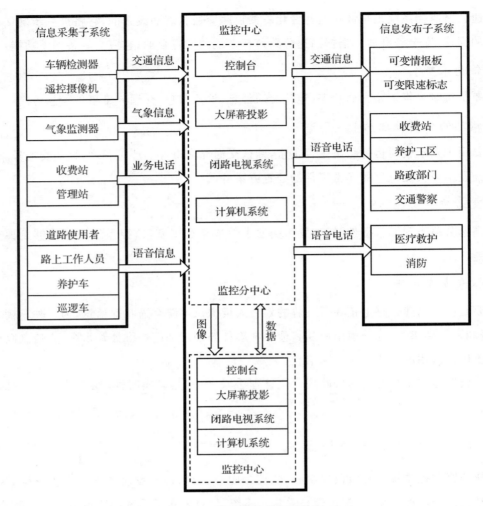

图 10.5 监控系统物理结构图

信息采集子系统主要包括以下设备：

1) 车辆检测器

车辆检测器主要用于采集所需的交通流信息,如交通量、车辆速度、车流密度、车辆占有率等,并作为监控中心信息处理系统分析判断、生成控制方案的主要依据。车辆检测器一般设置在高速公路主线、出入口匝道、互通处和隧道内等处,其间隔根据道路的重要程度及交通量来选择。

2) 气象监测器

气象监测器主要用于观测雾和冰冻,也可用来测量不同深度下的路表温度及能见度、风力、风向、降雨量、降雪量、路面积雪程度等。

3) 视频监测系统

视频监测系统通常安装于高速公路车流密度比较大的路段、事故易发路段和重要构造物

（桥、隧道、互通处、收费广场）等处，有的路段全程安装。通过视频图像实时掌握监控区域交通状况，以便对突发事件迅速地做出反应。

4）紧急电话

紧急电话主要用于车辆发生事故或故障后与监控中心迅速取得联系，请求指示或求援。

5）动态称重仪

动态称重仪用于对高速公路上行驶的车辆进行动态称重，以检测是否有超重的车辆通过。

6）收费系统

收费系统也可以看作监控系统信息采集的一部分。因为收费站能够准确地统计每个出入口进出的车流量，而且能为监控系统提供汽车的类型信息。如果汽车上装有电子车牌，因为收费站之间的距离与里程已知，则可以根据汽车在不同时刻的位置计算其通行时间，这些数据可以帮助监控系统分析公路上的交通状况和检测事故。

2. 信息发布子系统

信息发布子系统是高速公路上设置的用来向道路使用者提供道路交通信息（如前方道路的交通堵塞情况、事故告警、气象情况、道路施工情况等）和诱导控制指令（如最佳行驶线路、最佳限速、车道控制信号、匝道控制信号）的设备，以及向管理、救助部门和社会提供求助指令或道路交通信息的设施。设置信息发布子系统的目的是使道路交通流量分布均匀，提高道路利用率。其主要设备包括可变情报板和可变限速标志、车道控制标志、指令电话和交通广播系统等。

①可变情报板。可变情报板是高速公路上专供控制中心为出行者提供交通警示，显示交通管制情报和交通信息的设备。它一般安装于高速公路的出入口之前，提示出行者选择合适的路径。

②可变限速标志。可变限速标志动态显示根据监控中心命令指定的车速，用来调节路段的车辆密度和平均速度。

③交通广播及路侧通信广播。交通广播定时播送高速公路及附近公路的交通情况，但只能定时向大范围全域广播相同内容，缺乏针对性。路侧通信系统则利用路肩或中央隔离带上的感应线进行广播，对不同路段、不同车流方向播放不同的内容，内容随时间地点而变，具有针对性、实时性。

④地图模拟屏。在监控中心的墙上设置模拟屏，用于显示外场设备的在线运行情况及交通运营情况，向监控中心管理人员提供直观的信息。部分模拟屏还能够提供声光报警。

⑤信号灯系统。信号灯系统主要设置在高速公路的入口和隧道入口等处，监控中心根据实际情况通过控制路口开闭，实现诱导车辆、调节交通量的目的。

⑥公共信息电话查询。出行人员可以通过交通电话查询台了解某一路段的交通状况，以选择合适的出行方式与路线。

⑦信息中心终端或 Internet。在服务区、停车场、火车站等公共场所设置电子设备终端,出行人员可以查询交通情报和指令。如果监控中心与 Internet 相连,并在网上实时发布交通信息,则出行人员可以随时连接到 Internet 上进行查询。

信息发布子系统是监控中心向外提供信息的一切手段的总称,所有这些手段在运行时并非是一个整体系统,相互之间虽有联系,但运行时是相互独立的。

3. 监控中心

监控中心是信息采集子系统和信息发布子系统之间的中间环节,是监控系统的核心部分,主要用于完成信息的接收、分析、判断、预测、确认,交通异常事件的处理决策,指令发布,设备运行状态的监视和控制等任务。监控中心通过信息采集系统将高速公路上的各种信息收集起来,经监控中心的计算机系统分析处理,根据实际情况形成适当的控制方案,最后通过信息提供系统传达给道路使用者,以实现高速公路高速、安全、舒适的效果。同时,也使各道路管理部门对其所辖的区域内道路交通有一个全面的了解,从而增强对道路交通运行等方面的反应能力。

根据高速公路里程长短、道路路况和监控功能需求的不同,监控中心有集中式和分布式等形式。对集中式而言,一条高速公路只有一个监控中心。对于分布式而言,一条高速公路可能有一个监控中心,下辖若干个分中心,每个分中心管辖一个路段、一座大桥、一条隧道或一组匝道控制设备。对于高速公路网而言,监控系统的规模和监控中心的分散程度会更大些,尽管规模和形式不同,但其基本功能是一致的,即信息的分析、处理、交通控制和管理的辅助决策。

高速公路监控系统应通过监控中心与外围的管理和服务机构紧密地联系起来,这样才能使监控系统真正发生作用。当高速公路发生交通事故时,除在监控系统内及时向道路使用者和管理人员通报信息外,还应同时利用指令电话、业务电话、无线电话通知警察、医院、抢险、养护部门及时组织救助。这样不仅可争取时效、减少伤亡、尽快恢复交通,而且可避免事故扩大、产生二次事故,从而增进安全,提高服务水平。

三、监控系统软件

监控系统软件为高速公路监控核心配置,包括系统配置模块、信息查询与报表打印模块、图形计算机管理模块、信息发布等模块。

交通监控系统软件系统运行的平台有:Microsoft Windows XP、Windows 7、Windows 8 Professional(客户机安装);Microsoft Windows 2000 Server(服务器安装);Microsoft SQL Server 2000(数据库系统)等。交通监控软件安装在交通监控中心的通信计算机、图形计算机、数据库服务器上。从形式上看,各家软件公司设计思路不一,操作界面千变万化,使用时需参照相关说明文件。

1. 系统配置模块

系统配置模块包括用户管理、系统管理、数据管理、设备信息。以下主要介绍前三种模块。

第十章 高速公路机电系统

①用户管理是对图像采集系统使用人员的管理,包括添加用户、删除用户、修改用户权限、修改用户密码。只有具有相应权限的、在用户表中存在的人员才能使用该系统。

②系统管理主要指系统设置管理,在系统维护和软件安装时使用。一般操作人员不使用该功能。系统设置的内容主要有:设置当前收费站的名称及站号;设置数据备份的目的地,如光盘、硬盘等;设置当前站服务器的 TP 地址;系统数据删除控制,对服务器保存图片天数设置;图片保存时间设置。

③数据管理主要指数据查询和数据维护。采用具有数据查询权限的用户账号登录后,就可以进行图像数据查询。数据维护是对存储在数据库中的图像记录进行管理,包括数据删除和数据备份两种选项。根据需要将有用的信息通过其他存储介质如光盘、移动硬盘等备份存档。通过删除功能,将过期的无用信息删除。

2.信息查询与报表打印模块

监控系统软件具有系统结构与配置信息查询处理、设备基本信息查询处理、设备运行状态查询处理、设备报警信息查询处理、各外场设备检测信息查询、用户信息查询、人工输入事件查询处理、各种预设的交通控制方案查询处理、报表查询处理、操作员操作日志报表查询等功能。

3.图形计算机管理模块

高速公路交通监控图形软件的实质是具有车辆检测器、气象和环境检测器、可变情报板和可变限速标志信息显示、交通意外事件录入、道路维护事件录入、巡逻车事件录入等功能的综合应用软件,是各个设备客户端软件的集成与综合。

高速公路交通监控图形软件设计的目的是图形监控,一般包括如下几个功能:
①全面直观地提供监控界面。
②以图形方式模拟显示全线道路。
③显示当前的设备状态和数据。
④控制地图板和 LED 显示。
⑤提供情报板的信息编辑和发布功能。
⑥提供交通信息数据的查询和报表打印功能。
⑦交通事件输入和记录。
⑧人员管理。

4.信息发布模块

信息发布模块具有可变情报板信息的采集和信息编辑发布功能。

复习 思考题

1.高速公路通信系统主要组成部分有哪些?

2.高速公路通信的主要特点是什么？

3.请简述高速公路通信系统的功能。

4.什么是高速公路公用信息平台？其主要功能有哪些？

5.高速公路收费系统分类方式有哪些？请简要描述。

6.高速公路全自动收费系统由哪些部分组成,请简单描述。

7.高速公路监控系统的主要功能是什么？

8.高速公路监控系统主要有哪些系统？

第十一章

智能交通系统评价

第一节 智能交通系统的评价概述

智能交通系统(ITS)的一个主要特征是系统集成度高,项目投资数额大,会对经济、社会和环境等带来多方面的效益和影响。相对于传统交通运输基础设施建设项目,ITS项目具有新颖性、广泛性、开放性、动态性和复杂性等特点。这使其对经济、社会和环境所产生的影响难以预料,建设所需费用以及风险也难以确定。因此,需要对该系统的综合效益进行评价,从而为ITS项目的可行性研究、方案比选以及系统优化提供科学依据。因此,如何对ITS这样一类全新项目的绩效进行预测和估计,已经成为规划人员、运营管理者和项目决策部门亟待解决的难题之一。

而解决这些问题的关键就是要对智能交通系统项目进行科学的评价。智能交通系统项目评价通过对智能交通系统项目的技术可行性、经济效益、社会效益和环境影响做出评价,为智能交通系统项目的可行性研究、方案比选、实施效果分析以及系统运营优化提供科学依据,帮助投资者对未来的投资做决定。ITS项目包含经济、社会和环境等诸多方面混杂在一起的定性或定量的复杂条件,其评价和选择具有随机性、模糊性、不确定性,同时环境、安全、舒适度等影响因素很难量化,所以利用传统的评价方法很难得到理想的结果。因此,智能交通系统建设中必须将评价子系统作为重点环节进行建设,同时必须建立一套科学、实用的智能交通系统综合评价指标体系。

一、智能交通系统的评价原则

对任何系统进行评价,都需要选择一定数量的指标,用以反应系统各方面的特征。这些指标所构成的指标体系是对系统进行评价的基础。同样,对于ITS项目的评价也不例外。

一般而言,系统的指标可分为定量指标和定性指标。其中,定量指标是指标体系的主体,属于评价体系中的硬指标,能够从较广的角度和较大范围反应系统的运行情况;定性指标属于软指标,在整个指标体系中起到补充说明的作用。定性指标的存在,使得评价结果更加合理和全面。建立评价指标体系的过程也是分析问题的过程,指标体系应当为决策者提供信息,反映决策者的偏好,为决策者提供不同方案的实施条件;同时应当反映不同用户类型的效益,以及对用户可能造成的影响和不确定性。

在 ITS 项目评价指标体系的建立过程中,为了客观、全面地衡量 ITS 项目的社会经济影响,实现对其科学的综合评价,指标体系的建立应遵循以下原则:

1.系统性原则

智能交通系统项目是一个复杂的、多种因素相互联系的系统工程,要综合考虑系统内各种因素的相关性、整体性和目标性,以保证评价的全面性和可靠性。

2.科学性原则

选择的评价指标体系应建立在科学的基础上,即指标的选择、各指标权重的确定及数据的处理方法必须科学公正,能够科学全面地反映智能交通系统项目的社会经济影响。

3.综合性原则

智能交通系统是为整个社会服务的,应坚持综合效益为主的原则,兼顾社会效益、经济效益、环境影响和可持续发展。应进行综合全面的效益评价分析,使得效益评价有实际应用价值。

4.定性与定量分析相结合原则

在智能交通系统的效益评价中,经济效益大部分可以量化,而社会效益就不好量化,环境效益量化也很难,对不易进行量化的部分只能进行定性分析。因此,在对智能交通系统项目进行效益评价时,既要考虑经济效益等定量因素,也应考虑社会、环境等定性指标,坚持定性与定量分析相结合的原则,最终才能实现指标体系的完整性。

二、智能交通系统的评价内容

从评价主体即交通管理者和运营管理者的角度,ITS 的评价内容可分为定量为主的评价和定性为主的评价两类。其中定量为主的评价包括技术评价、影响评价、经济评价;定性为主的评价主要有社会和环境评价、用户接受度评价以及体制和组织评价等。

1.技术评价

技术评价是从技术的角度出发,通过对项目中采用的系统各技术指标的分析和测算,从系统的功能和技术层面对 ITS 项目的合理性、可扩充性及其适用性和可实现性进行评价,考查项目是否达到了设计的技术目标。ITS 项目技术评价是实施 ITS 项目评价的前提。

2.影响评价

影响评价反映一项 ITS 项目的实施可能对交通系统各个方面(包括交通通行能力、机动性与运行效率、交通安全性、交通环境与能耗以及交通舒适度等)所带来的影响。影响评价既是

ITS 项目评价的一部分,也是进行经济评价和环境评价的重要基础。

3.经济评价

ITS 建设项目的经济评价就是从经济角度,分析计算 ITS 项目所需投入的费用和获得的收益,以及 ITS 发展对国民经济产生的影响。经济评价通常包括国民经济评价和财务评价,这主要是从不同的评价主体出发对项目提出的评价。其中,国民经济评价是从国家整体的角度出发,考察项目的效益和费用,分析、计算 ITS 项目对国民经济的净贡献,以判断 ITS 项目建设的合理性;财务评价是在现行国家财税制度和价格体系下,从企业财务角度出发,测算项目的财务效益和费用,考察项目的财务盈利能力和清偿能力,判别项目的财务可行性。前者一般适用于国家和政府机构的项目审批,而后者则通常为企业或私人机构投资决策所采用。如果站在政府公共机构的角度来进行 ITS 项目经济评价,就不仅要考虑项目直接的费用和效益,还要考虑对整个社会的更广范围(包括非用户群体)的影响,因此也要计算间接的费用和效益。

4.社会和环境评价

社会和环境评价就是从宏观的角度,分析项目对社会生活和环境所产生的影响以及带来各种直接的、间接的效益。ITS 项目对社会及环境的影响基本上可以分为直接社会和环境效益与间接社会和环境效益两类。直接社会和环境效益是指通过 ITS 项目给交通运输系统和城市环境带来的实际成果和利益,主要是从交通环境改善后交通参与者个体的角度来衡量的经济效益和直接的环境的改善。其具体表现为降低行车成本、减少旅行时间、延长车辆使用寿命、提高路网通行能力、减少空气污染、降低交通噪声等方面。间接社会和环境效益是从社会经济系统的角度,考察通过 ITS 项目改善交通环境,对促进城市建设和发展,促进经济繁荣等方面所产生的效益。

ITS 项目的社会评价以经济评价为基础,又有别于经济评价,其区别包括分析角度与目的两方面。社会评价从社会角度进行分析,以社会、经济与生态协调发展为目的;经济评价从国民经济和项目角度分析,以资源最佳配置和盈利为目的。

5.用户接受度评价

用户接受度评价是研究用户对系统的态度和感觉。分析该评价结果,有利于系统更好地满足用户的需求。用户接受度评价一般都是定性的,需要结合具体的项目来进行。

6.体制和组织评价

体制和组织评价的目的是为理解与协调好组织与人员的关系等非技术事务使得系统能够更有效地实施。体制和组织评价指标一般也是定性的,需要根据项目和项目的进程来制订。

第二节　智能交通系统的评价内容

一、智能交通系统的技术评价指标

ITS项目技术评价的目标是完善系统本身具有的性能和提高系统运行的性能。因此,主要可从基于体系结构各部分特征的系统性能,和基于ITS各部分系统设计的运行性能方面进行评价。由此制订的ITS项目技术评价指标也包括定性和定量指标,其中与系统本身具有的性能相关的评价指标以定性为主,而与系统运行的性能相关的评价指标则以定量为主。

1. 系统性能指标描述

与系统本身具有的性能相关的定性评价指标包括以下几个方面:

(1)对ITS用户的支持。该指标主要用来评价ITS体系结构的系统功能是否能够满足不同用户的需求。

(2)系统的灵活性和可扩展性。该指标主要是指系统体系结构在技术上是否具有灵活性和可扩展性。其中,灵活性指体系结构对不同类型技术的兼容和限制程度。

(3)系统功能的多级性。为达到系统功能的多级性,系统体系结构首先必须模式化,以把不同功能分配到体系结构中不同领域。在评价系统功能的多级性时,可以从下列两个子指标进行评价:①技术水平的兼容性:在体系结构的每一市场包内和市场包之间,结构功能能够兼容从低级到高级、差异变化大的各类技术。②界面的标准化:为了鼓励ITS产品和服务的多级化,必须使ITS的产品具有可互换性和兼容性,界面的标准化显得至关重要。

(4)实施的递进性。该指标是指ITS体系结构与现有设施的包容性和可协调性,以及随着ITS相关技术的进步,ITS体系结构的可发展性。

2. 运行性能指标描述

对系统运行性能的评价指标主要包括以下几个方面:

(1)交通预测模型的精确性。为了实现ITS更好地理解交通模式,以便预测交通流量和拥挤条件的目的,一般需要解决如下3个问题:①哪些数据可以用来预测交通模式;②如何实时处理交通数据,提供即将到来的交通条件的重要信息;③交通预测能力对运输系统效益的影响。

针对以上3类需求,该指标可以参考如下3个子指标:①数据采集技术;②交通预测中交通数据的处理和算法;③对运输系统效益的影响。

(2)交通监测和控制的效率。该指标是指体系结构中,交通管理子系统实时收集、处理和发布大量的出行方式和系统运行信息的能力。包括数据的收集和实时传输的能力以及数据实时处理能力两个子指标。

（3）交通管理中心的效率。该指标是指交通管理中心之间的协调水平，以及交通管理中心和其他相关的管理中心之间（如信息提供者、公共交通管理中心、紧急事故管理中心等）的协调和协作水平。

（4）定位的准确性。该指标主要是指各种技术对车辆定位的准确性。

（5）信息传输方式的有效性。信息传输方式一般可以分为两种，有线通信和无线通信。由于有线通信相对于无线通信不存在传输容量的限制也很少会发生传输障碍（除非线路被截断）。所以重点对无线通信方式进行评价，包括总流量、线路平均流量和线路延误统计等。

（6）通信系统容量的充分性。相对于预测需求，通信系统容量是否满足需求的水平，以及可以扩充的余地。

（7）系统安全性能。该指标主要包括通信安全和数据库/信息安全。

（8）地图更新能力。该指标是指 ITS 体系结构中，用户通过一些方式定期进行地图更新的便利性和快捷性。

（9）系统可靠性和可维护性。系统的可靠性和可维护性指标主要是指在体系结构内是否会出现一些风险，导致服务和系统性能的不稳定。在实际中可以通过设计来降低这种风险。

（10）降级模式下的系统安全和可利用性。该指标主要是指 ITS 体系结构中，在系统实施的过程中降级服务的能力。在降级服务模式中，不仅有服务的降级，还有到达最终用户时错误信息的升级。当系统在降级模式中有毫无意义和错误的信息通过时，其运行的可靠性会有较大变化。这将影响服务损失的风险，或者会影响服务设备的可靠性。

二、智能交通系统的经济评价指标

对 ITS 项目的经济评价可以按照投资主体不同从以下几个层次上进行分析：国家作为投资主体应考虑的问题是 ITS 产业的发展对国民经济的发展能产生哪些影响；企业作为投资主体所要考虑的问题是 ITS 项目的投资能否回收，回收期长短和收益率大小等。ITS 的另外一个投资主体是个人即车主，个人投资效果的评价与企业投资评价类似。

国民经济评价的服务对象是国家宏观决策，为制定政策的人和做出决定的人分析 ITS 对国民经济带来的影响。对于国民经济评价来说，具体的收益指标的评价意义并不大，应重点关注评价 ITS 项目的投资对国民经济产生多大的影响。项目财务评价的服务对象主要是具体的 ITS 项目的企业投资者，对于企业投资者和个人投资者来说，投资的目的主要是获得利润。对 ITS 项目的经济评价，应以国民经济评价为主。

无论是国民经济评价还是财务评价，都是以 ITS 项目的费用和效益的计算为基础，接下来对 ITS 项目经济评价的费用和收益进行简要介绍。

1.经济评价的费用与效益

1)经济评价的费用

ITS项目费用可分为直接费用和间接费用。直接费用是对交通服务提供者和用户而言的内部费用。其中,对交通服务提供者来说包括项目的土地、劳动力、规划、设计、施工的费用,运营和管理的费用;对用户来说包括时间和为得到某交通服务的支出。间接费用通常是由项目实施的负面外部影响引起的,这些负面的外部影响包括车辆尾气排放和噪声等环境污染。由于这些费用被用户个人视为外部的,由政府和社会支付的,所以它们又被称为外部费用或社会费用。

ITS服务的直接费用和间接费用根据服务的整个生命周期的花费,可进一步分为一次性费用、重复性费用和其他费用。对交通服务提供商而言,几乎所有的一次性费用和重复性费用都是直接费用。对用户而言,只有某些一次性费用和重复性费用对用户是直接费用,汽车和相应的通讯软硬件购买是一次性直接费用,燃料费和维护费是重复性直接费用。社会可能要承担一些由用户和提供商造成的外部费用。

2)经济评价的效益

ITS项目的效益可以分为直接效益和间接效益。直接效益是ITS项目直接产生的效果或输出,能够以直接输出的支付意愿来衡量。间接效益是ITS项目间接产生的效果,能够以间接效果的支付意愿来衡量。ITS项目效益的受益者主要有三类:用户、提供商和研究区域内的非用户的团体/社会。用户的主要效益是关于安全性和时间节省,交通服务提供商的主要效益是关于交通网络效率提高、生产力和运营的提高,团体/社会的效益是关于车辆排放和交通拥挤降低以及社会服务安全和环境的改善。不过,这些效益首先都是基于ITS项目对于交通系统本身性能的改善,因此在对这些效益转化为经济货币衡量之前,需要对项目和交通系统本身的效益做出估量。

具体说来,ITS项目的效益可以分为以下5类:

(1)费用的节省。ITS的应用可以降低劳动力和设备的需要,从而可以节省劳动力和首期投资的费用。此外,由于信息和交通基础设施服务的改进,ITS的用户和提供商可以减少购买燃料的费用和其他消耗性材料的费用。因此,用户和ITS服务提供商都是费用的节省的直接受益者。

(2)非生产性活动的时间节省。它是指不直接参加生产活动的个人用户(如通勤者、休闲出行者和购物者)的时间节省,是机动性提高的标志。

(3)经济生产力的增长。经济生产力的增长包括人力和其他商业费用的节省。这些费用的节省是由与生产活动有关的时间节省和资源的有效利用带来的。这笔节省的费用可以用于新的生产活动,从而创造新的就业机会和税收,间接提高社会的经济生产力。商业用户是经济生产力增长的主要受益者,交通服务提供商通过信息、服务的配套和综合,降低首期和运营的费用,也从 ITS 服务中受益。

(4)安全水平的提高和环境的改善。安全水平的提高是指交通事故数量和严重程度的降低,环境的改善是指车辆尾气和其他污染物排放的降低。交通用户是安全水平提高的直接受益者和环境改善的受益者,交通服务提供商节省了修复事故损害和降低污染的费用,社会也降低了与事故和污染相关的社会服务的费用。

(5)个人可达性的提高。由于提供了 ITS 服务,个人的出行机会和舒适度增加,费用有效降低,这些是个人可达性提高的主要表现。交通用户是个人可达性提高的直接受益者。同时由于个人可达性实现了某种社会性的目标,使社会间接受益。

2. 经济评价的指标

经济评价的指标包括国民经济评价指标和财务评价指标。其中,国民经济评价指标包括经济内部收益率、经济净现值、经济净现值率、投资净增值率和投资净收益率;财务评价包括财务内部收益率、投资回收期和财务净现值。

1)国民经济评价指标

(1)经济内部收益率。经济内部收益率是指使拟建项目在计算期内各年经济净现金流量折现值的累计数等于零的折现率。它反映项目对国民经济的创益能力,是国民经济评价的主要指标。

(2)经济净现值。经济净现值是指用社会折现率将项目计算期内各年净效益流量折算到项目建设期初的现值之和,是反映建设项目对国家所做净贡献的一个绝对指标。经济净现值大于或等于零表示国家投资拟建项目后,能够得到符合社会折现率的社会盈余,或得到除符合社会折现率外的以现值计算的超额社会盈余,此时就认为项目是可以考虑接受的。

(3)经济净现值率。经济净现值率是指经济净现值与总投资现值之比,即单位投资现值的经济净现值。它是国民经济效益分析中的动态指标。

(4)投资净增值率。投资净增值率是指项目达到正常生产能力规模年份所带来的国民收入净增值与项目的总投资额之比。是衡量项目单位投资所能获取的国民收入净增值的静态效益指标,计算出来的投资净增值率应该高于国家规定的有关标准,而且越高越好。

(5)投资净收益率。投资净收益率又称投资利税率,是指项目达到正常生产年份所获得的社会净收益(包括利润与税金)与项目的经济总投资额之比。它也是进行项目评价和初选排队时常用的静态指标。

2)财务评价指标

(1)财务内部收益率。财务内部收益率是反映项目实际收益率的一个动态指标,一般情况下,财务内部收益率大于或等于基准收益率时,表明项目是可行的。

(2)投资回收期。投资回收期又称为投资回收年限,是指项目投产后获得的收益总额达到该投资项目投入的投资总额所需要的时间。投资回收期有多种计算方法。其中,按回收投资的起点时间不同,可分为从项目投产之日起计算和从投资开始使用之日起计算;按回收投资的主体不同,可分为社会投资回收期和企业投资回收期;按回收投资的收入构成不同,可分为盈利回收投资期和收益投资回收期。

（3）财务净现值。财务净现值又称为累计净现值,是指拟建项目按部门或行业的基准收益率或设定的折现率,将计算期内各年的净现金流量折现到建设起点年份（基准年）的现值累计数,是企业经济评价的辅助指标。当财务净现值大于或等于零时,表明项目的盈利率不低于投资机会成本的折现率,则认为项目是可行的。而当财务净现值小于零时,则项目在财务上是不可行的。在选择投资额相同的项目方案时,应选财务净现值大的方案,而当各方案的投资额不相同时,需要用财务净现值率来选择方案。

三、智能交通系统的社会与环境评价指标

ITS项目对社会及环境的影响基本上可以分为直接社会环境效益和间接社会环境效益两类。

1. 直接社会环境效益评价指标

直接社会环境效益是指ITS项目给交通运输系统和城市环境带来的实际成果和利益,主要是从交通参与者个体的角度来衡量交通环境改善后的经济效益和直接的环境的改善。它的主要表现有降低行车成本、减少出行时间、延长车辆使用寿命、提高路网通行能力、减少空气污染和降低交通噪声等方面。

（1）降低行车成本。ITS系统中电子不停车收费系统的建设,可以明显提高车辆运行效率,减少车辆的速度变化频率,降低燃油消耗,可适当降低行车成本。

（2）减少出行时间。ITS项目的建设,使得道路交通环境得到有效改善,交通参与者的出行时间明显减少。

（3）提高车辆利用效率。道路交通系统的改善可以提高车辆的运行速度。这样就能够节约一定数量的车辆购置费及运营费,即节约了和时间有关的车辆运营成本,间接提高了车辆利用效率。

（4）延长车辆使用寿命。统计资料表明,车辆在低速行驶、频繁的起步、停车和速度变化阶段对车辆的磨损最为严重。因此,在ITS项目实施后,交通环境的改善可以减少车辆停车次数,提高车辆行驶速度,从而减缓车辆磨损程度,延长车辆的使用寿命。

（5）提高路网通行能力。在实施ITS项目后,可以有效提高车辆在收费处的行车速度,减少车辆行车延误,提高受控区域的道路服务水平,进而提高现有路网的通行能力。

（6）减少交通事故造成的损失。在ITS项目实施后,加强了对交通参与者交通行为的监管

力度,使得交通参与者的违章行为减少,从而使得交通事故发生率得到有效降低。此外,ITS也会提高对交通事故的处理和援助能力,减少因事故造成的直接损失和间接损失。

(7)减少交通对能源的需求。由于ITS能够避免车辆在收费处的频繁停车和启动,使单车的能源消耗减少,也使交通出行整体对能源的需求减少,为社会节约能源资源。

(8)减少尾气污染。汽车尾气的排放是道路交通对大气污染的主要来源,汽车尾气的排放与车况密切相关(在近似车况下,与行车速度和行驶时间有关)。实施ITS项目后,行车速度的提高和行驶时间的减少能有效降低因汽车尾气排放造成的空气污染,提高空气质量。此外,还可以减少污染治理所需要的费用。

(9)减轻噪声污染。由汽车所产生的交通噪声占城市环境噪声的70%,交通噪声已成为城市噪声的主要来源。汽车启动、制动时产生的噪声比平时正常行驶时高,实施ITS后,可以明显减少车辆的启动、制动次数,从而降低因汽车造成的噪声污染。

(10)节省土地资源。ITS使现有道路的实际通行能力得到充分发挥,可以有效提高路网的利用率,相应可以减少路网规划中新建、扩建的道路的数量,从而节省修建道路所占用的土地资源。

(11)减少危险品运输可能造成的灾害风险。通过对运输危险品的特殊车辆进行管理和各种自动、安全驾驶技术的应用,使得危险品运输车辆交通事故得到有效减少。同时,通过对违反危险品运输规定的行为控制,降低了运输途中爆炸、燃烧、污染等事故发生的可能性,从而可以减少由此所造成的对道路及周边地区空气、土壤、水资源的恶性污染,使得危险品的运输更加安全可靠。

2.间接社会环境效益评价指标

间接社会环境效益是从社会经济系统的角度,考察通过ITS项目改善交通环境,对促进城市建设和发展,促进经济繁荣等方面所产生的效益。它一方面包括一些间接的经济效益,如有力地带动相关信息产业的发展,从而间接地促进了城市的经济发展。另一方面,社会、环境效益更重要的是包括了许多无形效益。所谓无形效益是指由于道路交通环境的改善而给社会带来的无法用经济尺度来计量,或者虽可计量,但所得结果常常误差相当大的效益。这些指标大多是一些定性指标,如增强科技管理意识、改善出行结构、提高城市功能,提高交通参与者的守法意识等。

(1)满足交通参与者的出行需求。ITS项目的实施,改善了道路交通环境,人们出行更加便捷,人们出行的要求更加容易满足,提高了交通参与者出行的舒适性和安全性。此外,还能从心理上提高人们对交通出行的安全性和可靠性的认识。

(2)提高国民素质。通过ITS可促进各学科高水平人才的培养,促进交通参与者守法意识的提高,对国民素质的提高起到积极作用。

（3）提高交通管理服务水平。随着ITS项目的实施,交通管理现代化的水平必然会显著提高,更重要的是促进交通管理从目前单纯的被动管理型向主动管理服务型转变。此外,各种先进技术在ITS项目的应用,必然会提高交通管理人员运用先进理论、技术和方法解决复杂交通问题的能力和水平。

（4）推动相关产业经济的发展。ITS作为一个新兴的产业,其发展离不开相关产业的参与,可以为这些行业或企业带来直接的经济效益。此外,ITS使得周边地区交通环境得到整体改善,推动和促进了该地区经济的全面发展。

（5）促进科学技术进步。ITS是现代高新技术在交通领域的集成和应用,不仅可以提高交通领域的现代化水平,也可以促进相关产业技术、服务的提高,使得各产业之间密切联系,进而改善产业结构,推动全社会的科技进步。

（6）影响社会的就业水平。ITS的建立能够重新分配不同行业之间的劳动力,影响社会的就业水平。一方面,可能会增加相关领域中从事与ITS相关的产品的生产,以及提供技术、信息服务的行业和企业的就业机会;另一方面,也可能会减少对直接参与交通运营和管理的人员需求,减少就业机会。

复习思考题

1. 什么是智能交通系统项目评价?
2. 请简要描述智能交通系统的评价原则和评价内容。
3. 国民经济评价和财务评价的区别是什么?
4. ITS技术评价的系统性能指标和运行指标分别有哪些?
5. ITS项目社会与环境评价的直接效益指标和间接效益指标是什么?